CB050754

Avestruz

A Marco Zero tem como objetivo publicar obras com qualidade editorial e gráfica, consistência de informações, confiabilidade de tradução, clareza de texto, e impressão, acabamento e papel adequados. Para que você, nosso leitor, possa expressar suas sugestões, dúvidas, críticas e eventuais reclamações, a Marco Zero mantém aberto um canal de comunicação.

Entre em contato com:
CENTRAL DE ATENDIMENTO AO CONSUMIDOR
R. Pedroso Alvarenga, 1046 - 9º andar - 04531-004 - São Paulo – SP
Fone: (11) 3706-1466 - Fax: (11) 3706-1462
www.editoramarcozero.com.br
E-mail: marcozero@editoramarcozero.com.br

© 2004 Avestro

Direitos desta edição reservados à
AMPUB Comercial Ltda.
(Marco Zero é um selo editorial da AMPUB Comercial Ltda.)
Rua Pedroso Alvarenga, 1046 - 9º andar - 04531-004 - São Paulo - SP
Fone: (11) 3706-1466 — Fax: (11) 3706-1462
www.editoramarcozero.com.br
E-mail: marcozero@editoramarcozero.com.br

Preparação do texto: Elvira Castañon
Capa e arte-final: Vivian Valli
Fotos: Adriana Lorete (restaurantes do Rio de Janeiro);
Beto Costa (restaurante de Santa Catarina),
e Artur Bragança (restaurantes de São Paulo)
Foto da capa: Artur Bragança

Impressão: PROL Editora Gráfica Ltda.
Publicado em 2005

Dados Internacionais de Catalogação na Publicação (CIP)
(Câmara Brasileira do Livro, SP, Brasil)

Avestruz : receitas com carne nobre de avestruz / Avestro, (org.). –
São Paulo : Marco Zero, 2005.

Vários autores
ISBN 85-279-0369-5

1. Culinária (Avestruz) 2. Gastronomia I. Avestro.

04-7249   CDD-641.666

Índices para catálogo sistemático:
1. Carne de avestruz : Receitas : Culinária   641.666
1. Receitas : Carne de Avestruz : Culinária   641.666

É PROIBIDA A REPRODUÇÃO
Nenhuma parte desta obra poderá ser reproduzida, copiada, transcrita ou mesmo transmitida por meios eletrônicos ou gravações, sem a permissão, por escrito, do editor. Os infratores serão punidos pela Lei nº 9.610/98.

Impresso no Brasil / *Printed in Brazil*

AVESTRUZ

RECEITAS COM CARNE NOBRE DE AVESTRUZ

MARCO ZERO

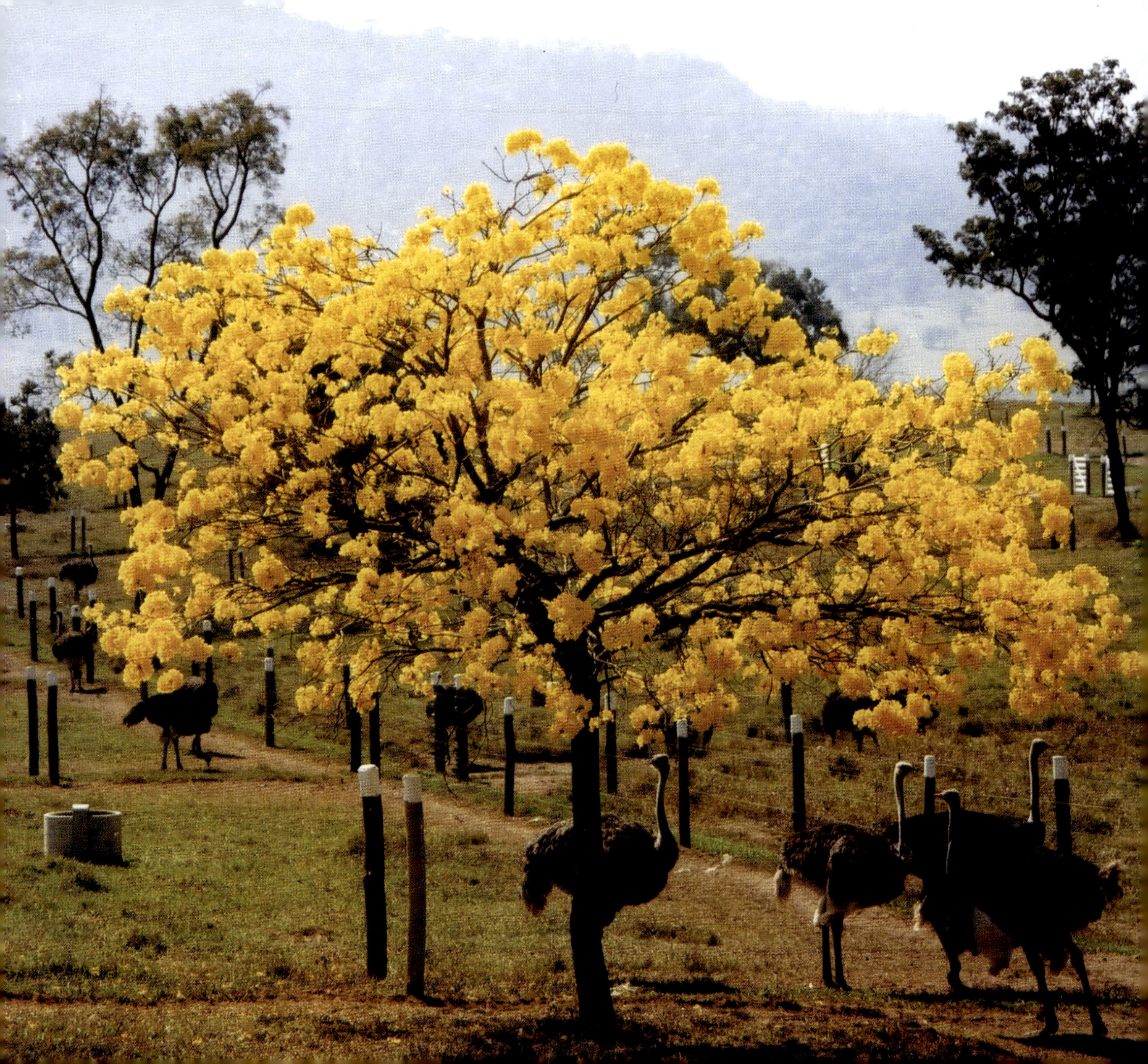

APRESENTAÇÃO

Quando estivemos em Dallas, Estados Unidos, em 1994, pudemos admirar pela primeira vez uma criação de avestruzes. No mesmo instante tivemos a sensação de que aquela seria uma ótima alternativa de negócio a ser implantado no Brasil, principalmente nas regiões mais secas. Na ocasião, entretanto, não consideramos as principais qualidades da carne de avestruz, que é muito macia, tem um sabor inigualável e é extremamente saudável, o que a diferencia das demais carnes e acaba por atrair o consumidor moderno, cada vez mais exigente.

A ORIGEM

O avestruz é uma ave originária da África, e pertence à família das *ratitas*, aves que não voam pois têm asas atrofiadas. Onívora, chega a botar em média 40 a 50 ovos por estação, e é capaz de correr a uma velocidade de 70 quilômetros por hora.

A criação em cativeiro teve início na África do Sul na metade do século XIX, exclusivamente para a produção das plumas que tanto admiramos. A exportação desse produto, para a Europa e Estados Unidos, foi a segunda em importância para os sul-africanos durante muito tempo.

No início do século XX, em virtude das duas grandes guerras e da quebra da bolsa americana, houve um colapso no mercado de plumas e, por alguns anos, a criação de avestruzes perdeu o interesse econômico. Na década de 1960 novos produtos começaram a chamar a atenção do mercado: carne, couro, ovos e óleos extraídos da gordura dessas aves.

AVESTRUZES NO BRASIL

Em 1995, começaram a chegar as primeiras aves ao Brasil, originárias da África do Sul, Namíbia, Estados Unidos e Espanha. Os criadores pioneiros eram essencialmente do Estado de São Paulo, mas rapidamente eles se multiplicaram por quase todo o país.

Como toda criação, principalmente de uma espécie não-nativa, esta enfrentou muita turbulência e grandes problemas, dentre eles, regulamentação, falta de conhecimento, informações técnicas e profissionais especializados, além da grande especulação.

Atualmente, a criação de avestruzes é uma realidade no setor de agronegócios em nosso país, existindo mais de mil criadores espalhados por quase todos os estados, e este número cresce a cada ano em taxas contínuas.

Com certeza, em 2010, o Brasil será o maior produtor de avestruzes do planeta, transformando este país no principal *player* mundial desse tipo de criação.

A CARNE

Nos mais sofisticados e requintados restaurantes, das principais cidades com tradição gastronômica do mundo, quando você tiver um menu em mãos ou ouvir um chef sugerindo *ostrich*, *autruche*, *struzzo*, *struisvogel*, *avestruces* ou simplesmente *avestruz* lembre-se: "Você está prestes a saborear uma carne vermelha, com sabor único, ótima textura, consistência extramacia e qualidades semelhantes às dos cortes bovinos mais magros".

Ao escolher avestruz, você vai degustar uma carne extremamente saudável, rica em proteínas e ferro, com baixos teores de colesterol e gordura, e que ainda possui ômegas 3, 6 e 9, ácidos graxos essenciais, gorduras insaturadas extremamente benéficas ao nosso organismo.

INFORMAÇÕES NUTRICIONAIS (porção com 100g)

Espécie	Calorias (Kcal)	Gordura (g)	Colesterol (mg)	Proteínas (g)	Ferro (mg)
Avestruz	101	1,8	36	19,0	3,2
Frango	190	7,4	89	28,9	1,2
Porco	212	9,7	86	29,3	1,1
Vitela	196	6,6	118	31,9	1,2
Boi	211	9,3	86	29,9	3,0

Fonte: Universidade de São Paulo (média dos cortes)

A carne de avestruz é um alimento nutritivo, e politicamente correto, que aceita os mais variados temperos e preparos. Pode ser grelhada, assada, cozida, e ainda usada para preparar carpaccio. A carne de avestruz pede apenas sal como tempero, e combina com molhos adocicados, condimentados, agridoces, entre outros.

A carne de avestruz é um alimento saudável, com ótimo sabor e muita maciez, tornando-se um produto de grande aceitação e está presente nos cardápios mais exigentes e sofisticados dos principais restaurantes do mundo.

A AVESTRO

No ano de 1994, trouxemos 30 quilos de carne de avestruz de Dallas, Estados Unidos, para oferecer em um churrasco familiar e testar a aceitação. A aprovação foi total.

Em 1997, a carne de avestruz foi oficialmente apresentada aos paulistas por meio de algumas importações realizadas pela Avestruz e Cia., hoje AVESTRO.

O mercado extremamente exigente da gastronomia paulista recebeu a novidade com grande interesse e aceitação.

Atualmente, ela vem ganhando cada vez mais espaço nas principais capitais e cidades do Brasil, com a produção e fornecimento nacional da AVESTRO.

O LIVRO

Avestruz – Receitas com carne nobre de avestruz é resultado de oito anos de criação de avestruzes (estrutiocultura), um ano de experiência em importação de carne de avestruz, e mais de dois anos de produção nacional contínua de uma empresa 100% brasileira, pioneira e líder em um mercado novíssimo e que, muito em breve, colocará a carne do avestruz na pauta de exportações do Brasil.

A carne de avestruz é uma verdadeira iguaria gastronômica, e é com grande orgulho que apresentamos ao público o primeiro e único livro de receitas com cortes nobres de avestruz de que temos conhecimento.

Avestruz – Receitas com carne nobre de avestruz traz aos leitores pratos assinados por nossos principais clientes, restaurantes de nível internacional.

O chefs desses templos gastronômicos criaram desde receitas sofisticadas, verdadeiras obras de arte, até pratos mais simples que não deixam de ser especiais devido à maneira de preparo e à combinação de ingredientes.

Todas essas delícias podem ser facilmente preparadas por cozinheiros iniciantes ou tarimbados.

Como diz um amigo: "Se até eu faço maravilhas com esta carne, imaginem os leitores!".

Bom apetite!

Giovanni Costa e Adair Ribeiro

AVESTRO
Carne Nobre de Avestruz
www.avestro.com.br

STRUZZO
Legítimo Couro de Avestruz
www.struzzo.com.br

SÚMARIO

APEX COM RISOTO DE BRIE AO MOLHO BORDELAISE	9
AVESTRUZ À MODA DO CHEF	10
AVESTRUZ AO MOLHO DE DAMASCO	13
AVESTRUZ COM ROYALE DE BRÓCOLIS E MOLHO DE FRUTAS VERMELHAS	14
AVESTRUZ EM DOM MAIOR	17
AVESTRUZ GRELHADO AO MOLHO DE PIMENTA VERDE À MODA LA GÁLIA	18
BUCATINI COM LINGÜIÇA DEFUMADA DE AVESTRUZ E MANJERONA	21
ESCALOPES DE AVESTRUZ	22
FILÉ DE AVESTRUZ COM PURÊ DE MAÇÃ	25
FILET DE AVESTRUZ COM QUENELES DE ABÓBORA	26
FILET D'AUTRUCHE AU SAUCE MÛRE	29
LEQUE DE AVESTRUZ GRELHADO COM ARROZ TAILANDÊS E REDUÇÃO DE PORTO	30
LOMBO DE AVESTRUZ COM BATATA PONT-NEUF AO MOLHO DE JABUTICABA	33
LOMBO DE AVESTRUZ SALTEADO	34
MEDAILLON D'AUTRUCHE A LA POPOTE	37
MEDALHÕES DE AVESTRUZ AU POIVRE VERT	38
OSTRA DE AVESTRUZ COM PURÊ DE BATATA-DOCE ROXA AO MOLHO DE CONFIT DE LARANJA	41
PICADINHO DE AVESTRUZ	42
PICANHA DE AVESTRUZ AO MOLHO CAFÉ PARIS	45
PICANHA DE AVESTRUZ COM PALMITO ASSADO	46
PICANHA DEL CHEF	49
PIZZA DE AVESTRUZ	50
RAGU DE AVEZTRUZ COM ERVILHAS	53
RISOTO DE LINGÜIÇA DE AVESTRUZ	54
ROSBIFE DE AVESTRUZ ÀS ERVAS COM BOUQUET DE SALADA VERDE	57
TATAKI DE AVESTRUZ	58
TEPPAN YAKI DE CARNE DE AVESTRUZ	61
SEGREDOS DE GRANDES CHEFS	62
ENDEREÇOS	64

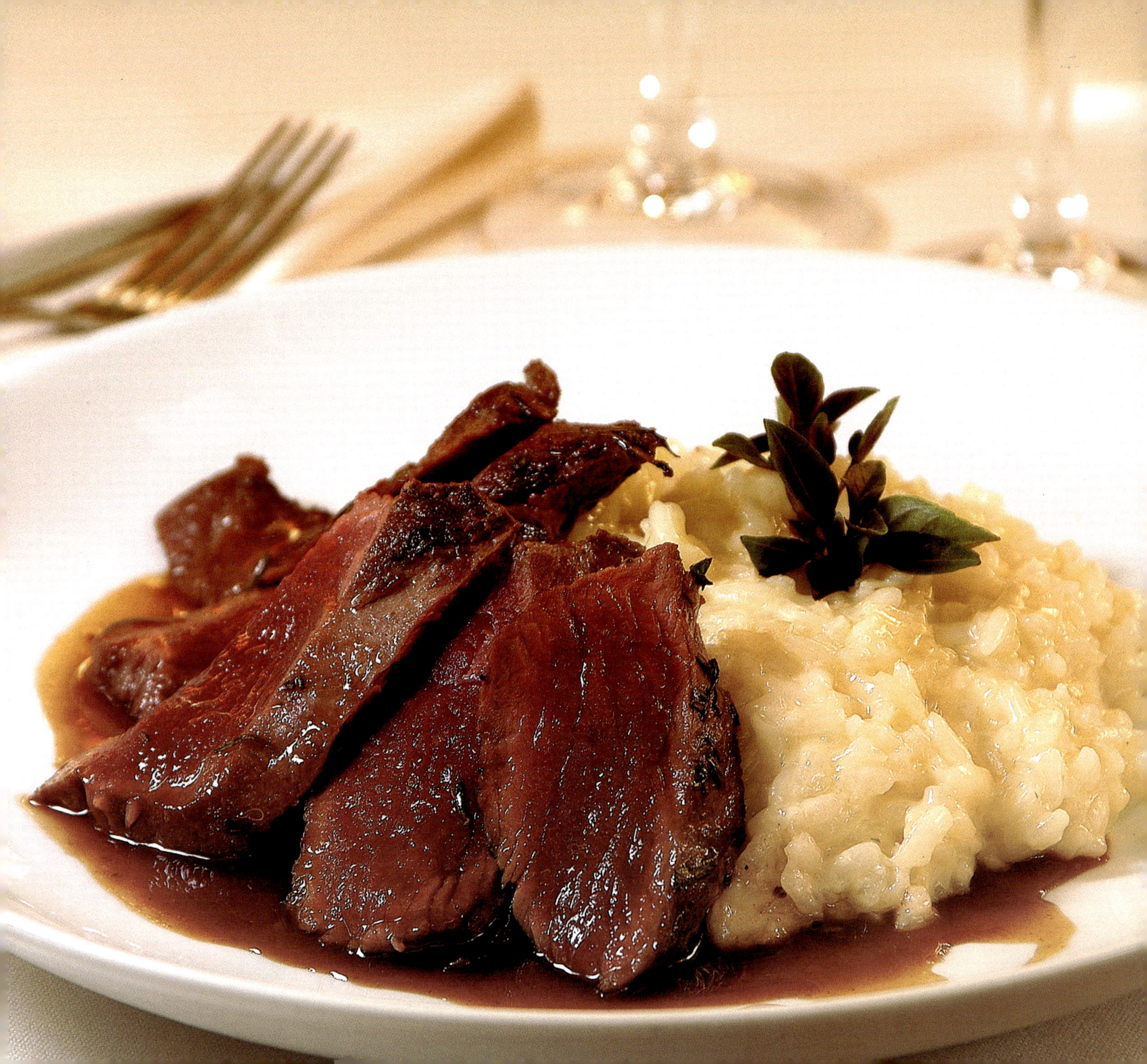

APEX COM RISOTO DE BRIE AO MOLHO BORDELAISE

Criação de Ana Cristina Zambelli • Cantaloup

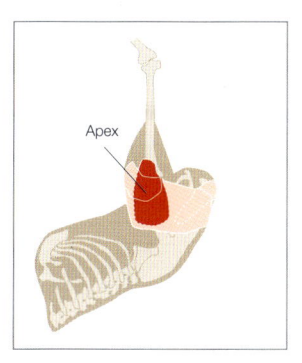

Modo de preparo:

1. Tempere o avestruz com sal, pimenta-do-reino e manteiga de ervas. Reserve.

2. Refogue o arroz na manteiga, junte a cebola e o vinho branco.

3. Aos poucos vá incorporando o caldo de frango.

4. Quando o arroz estiver al dente, junte o queijo brie picado e mexa bem.

5. Grelhe a carne e fatie.

Montagem:

Coloque o risoto em um dos lados do prato. Disponha a carne de avestruz fatiada formando um leque. Regue com o molho bordelaise. Decore com um ramo de manjericão.

- 180 g de apex de avestruz
- 30 g de manteiga de ervas
- 20 g de manteiga sem sal
- 60 g de arroz arbóreo
- 10 g de cebola
- 20 ml de vinho branco
- 200 ml de caldo de frango
- 15 g de queijo brie
- 30 ml de molho bordelaise
- 1 ramo manjericão
- E mais: Sal e pimenta-do-reino a gosto

Rendimento: 1 porção • Tempo de preparo: 1 hora

AVESTRUZ À MODA DO CHEF

Criação de Ernesto Silva • Esplanada Grill

Modo de preparo:

1. Tempere a carne com sal grosso e leve à grelha a 200º C. Grelhe por 5 minutos de cada lado.

2. Prepare o arroz com o caldo de galinha e o açafrão. Ao final do cozimento acrescente o creme de leite e o queijo parmesão ralado.

3. Embrulhe o palmito em papel de alumínio e asse até ficar macio.

4. Aqueça manteiga em uma frigideira e salteie os brócolis por 2 minutos. Acerte o sal.

Montagem:

Coloque a carne num dos lados do prato. Do lado oposto centralize o arroz. Intercale os ramos de brócolis e o palmito assado.

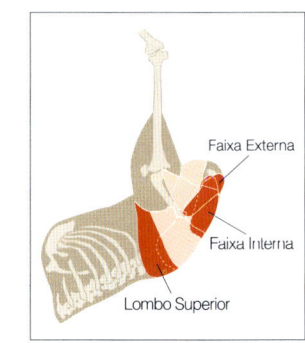

Rendimento: 2 porções • Tempo de preparo: 15 minutos

350 g de avestruz
Sal grosso
ACOMPANHAMENTO
100 g de arroz
Caldo de galinha (a gosto)
½ colher (café) de açafrão
1 colher (sopa) de creme de leite
Queijo parmesão ralado (a gosto)
100 g de brócolis cozidos
Palmito pupunha
E mais: azeite de oliva extravirgem,
manteiga e sal a gosto

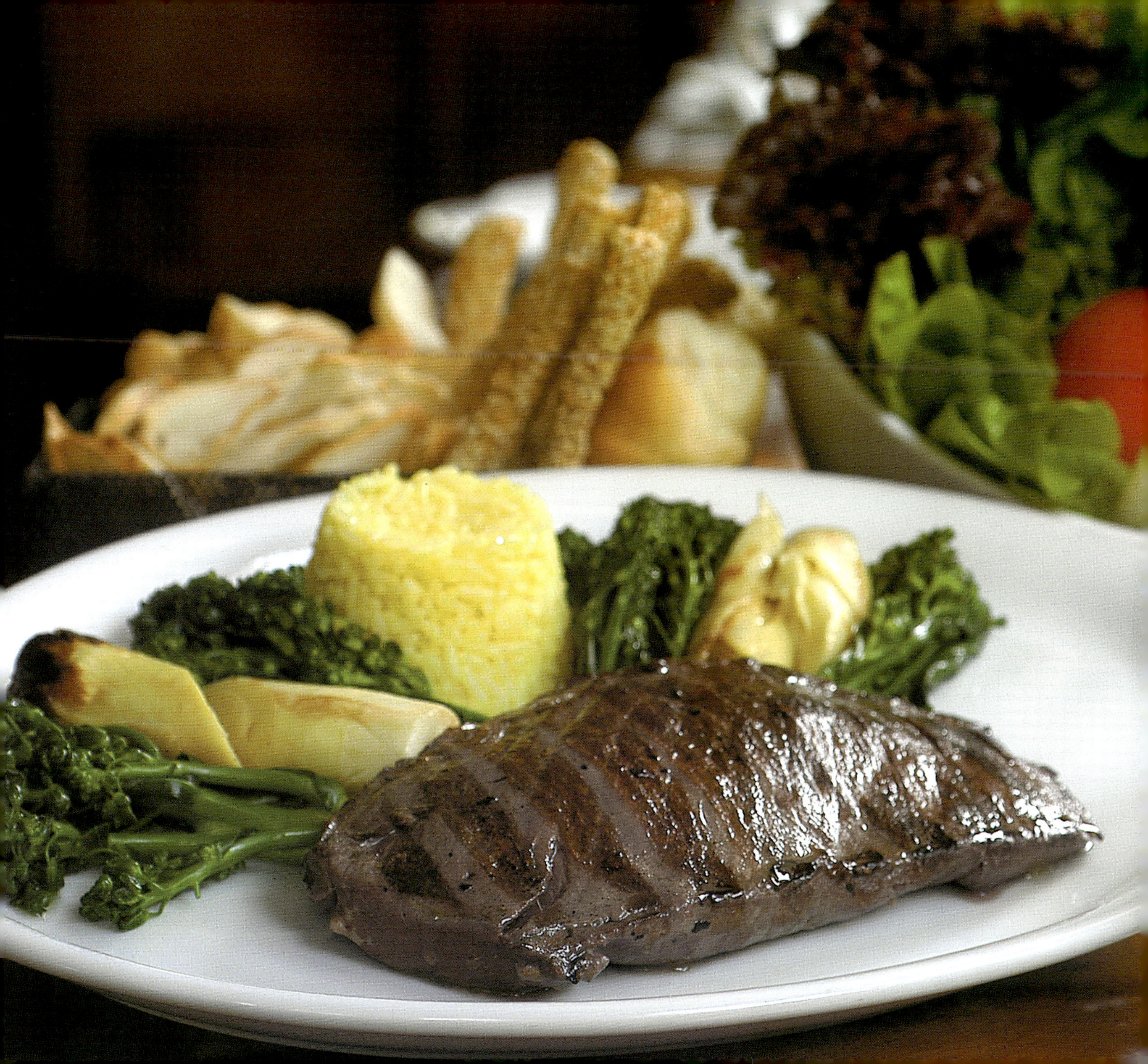

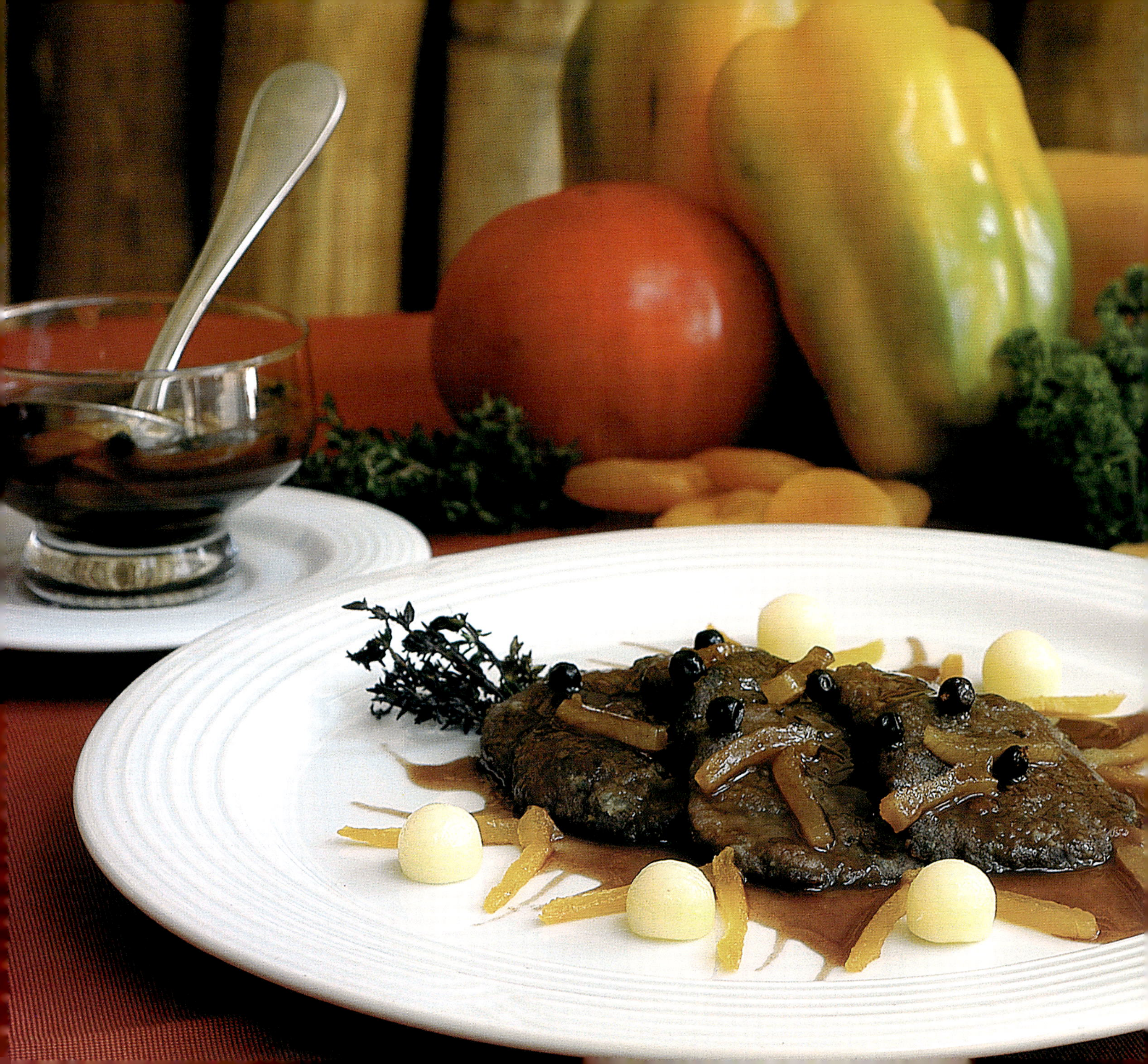

AVESTRUZ AO MOLHO DE DAMASCO

Criação de Márcia Meyer • Churrascaria Barra Brasa

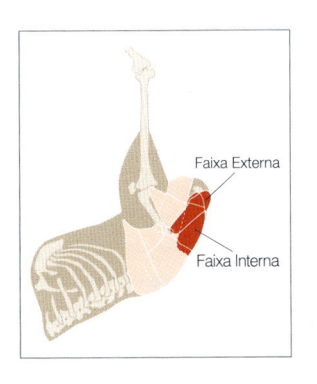

Modo de preparo:

1. Tempere os escalopes de avestruz com uma mistura de sal, pimenta-do-reino e folhas de tomilho socadas. Reserve.

2. Leve o molho de damasco ao fogo. Coloque o zimbro e ferva em fogo brando por 10 minutos. Reserve.

3. Passe os escalopes pela farinha de trigo. Bata para tirar o excesso. Em uma chapa preaquecida, coloque a manteiga clarificada e grelhe os escalopes rapidamente, em fogo médio.

4. Leve o molho de volta ao fogo, acrescente o damasco e ferva por alguns minutos.

5. Frite as batatinhas

6. Frite os ramos de tomilho em azeite até ficarem crocantes.

Montagem:

Arrume os escalopes no prato e coloque o molho por cima. Disponha harmoniosamente as batatinhas noizettes. Decore com damasco cortado e ramos de tomilho fritos.

---

16 escalopes, de 80g cada, de avestruz

Farinha de trigo

Tomilho fresco

Molho de damasco

15 grãos de zimbro inteiros

100 g de damasco cortados em tirinhas

Batatinhas noizettes

Ramos de tomilho

E mais: manteiga clarificada, sal e pimenta-do-reino

Rendimento: 4 porções • Tempo de preparo: 30 minutos

AVESTRUZ COM ROYALE DE BRÓCOLIS E MOLHO DE FRUTAS VERMELHAS

Criação de Flávia Quaresma • Carême

Modo de preparo:

1. Em uma panela, coloque vinho, cenoura, cebola, alho, alho poró, louro, tomilho e a pimenta em grão. Deixe reduzir pela metade. Coe e adicione a geléia, mexendo muito bem. Reduza mais uma vez. Finalize incorporando a manteiga. Acerte o sal e a pimenta.

2. Corte o lombo em porções de 200g. Tempere com sal e pimenta-do-reino. Aqueça uma frigideira e adicione óleo. Sele todos os lados dos lombos na frigideira bem quente. Retire e deixe descansar por 15 minutos.

3. Leve os pedaços de lombo ao forno, a 180°C, por aproximadamente 7 minutos.

4. Recupere o caldo do cozimento do avestruz e adicione ao molho de frutas vermelhas.

Montagem:

Desenforme o royale e posicione sobre um leito de legumes. Fatie o lombo e disponha as fatias próximo dos legumes. Despeje o molho na parte inferior do prato. Decore a gosto.

Rendimento: 4 porções • Tempo de preparo: 1 hora

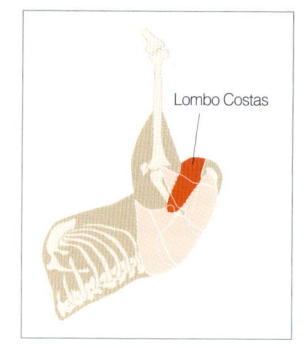

---

800 g de lombo (costas) de avestruz

MOLHO DE FRUTAS VERMELHAS

500 ml vinho tinto

30 g de cenoura, 50 g de cebola e 40 g de alho poró cortados

1 dente de alho cortado em 2

2 galhos de tomilho, 1/2 folha de louro e 8 grãos de pimenta-do-reino

150 g de geléia de frutas vermelhas

30 g de manteiga sem sal

ACOMPANHAMENTO

Royale de brócolis

Legumes verdes

E mais: sal, pimenta-do-reino, óleo e azeite de oliva

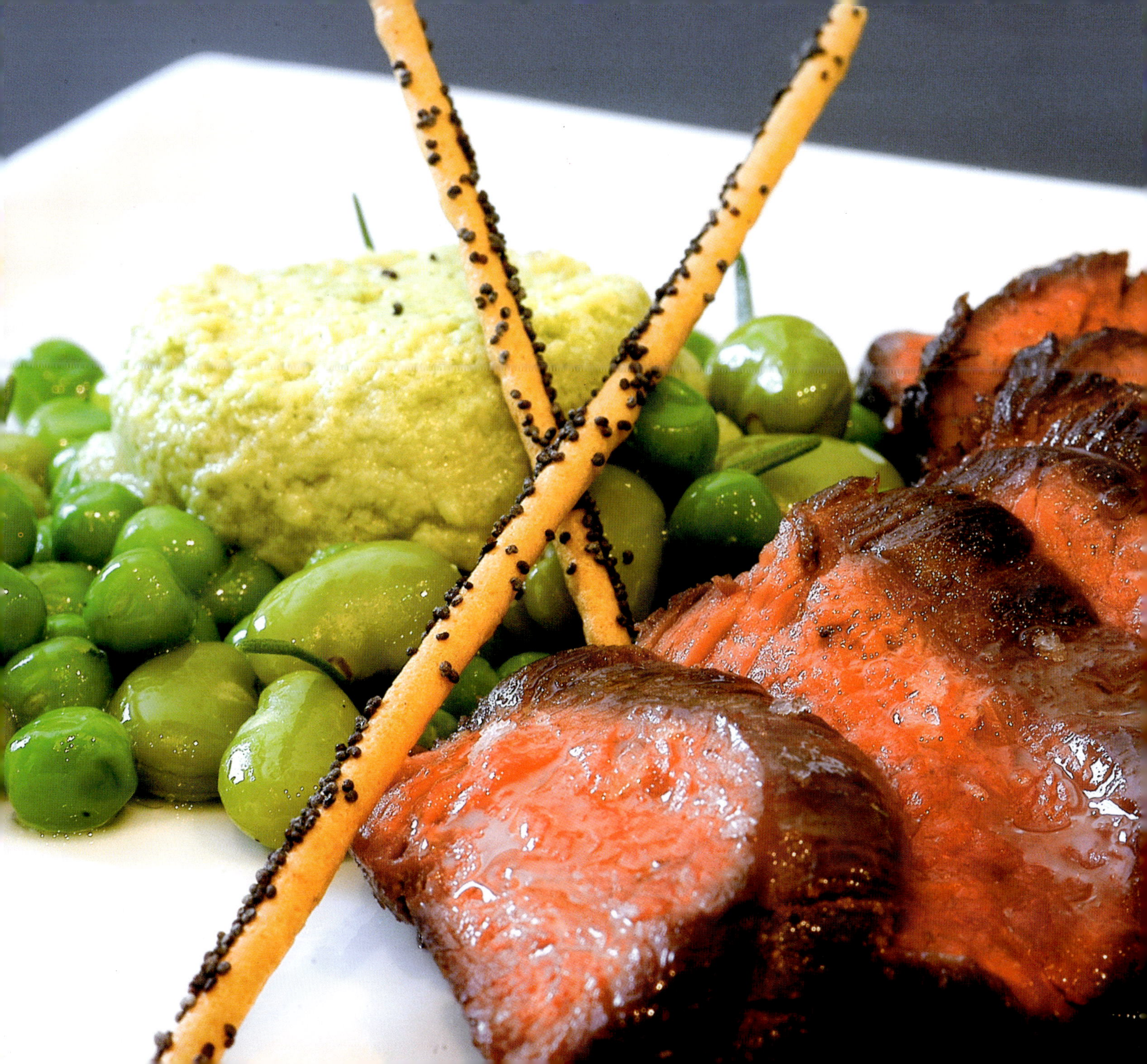

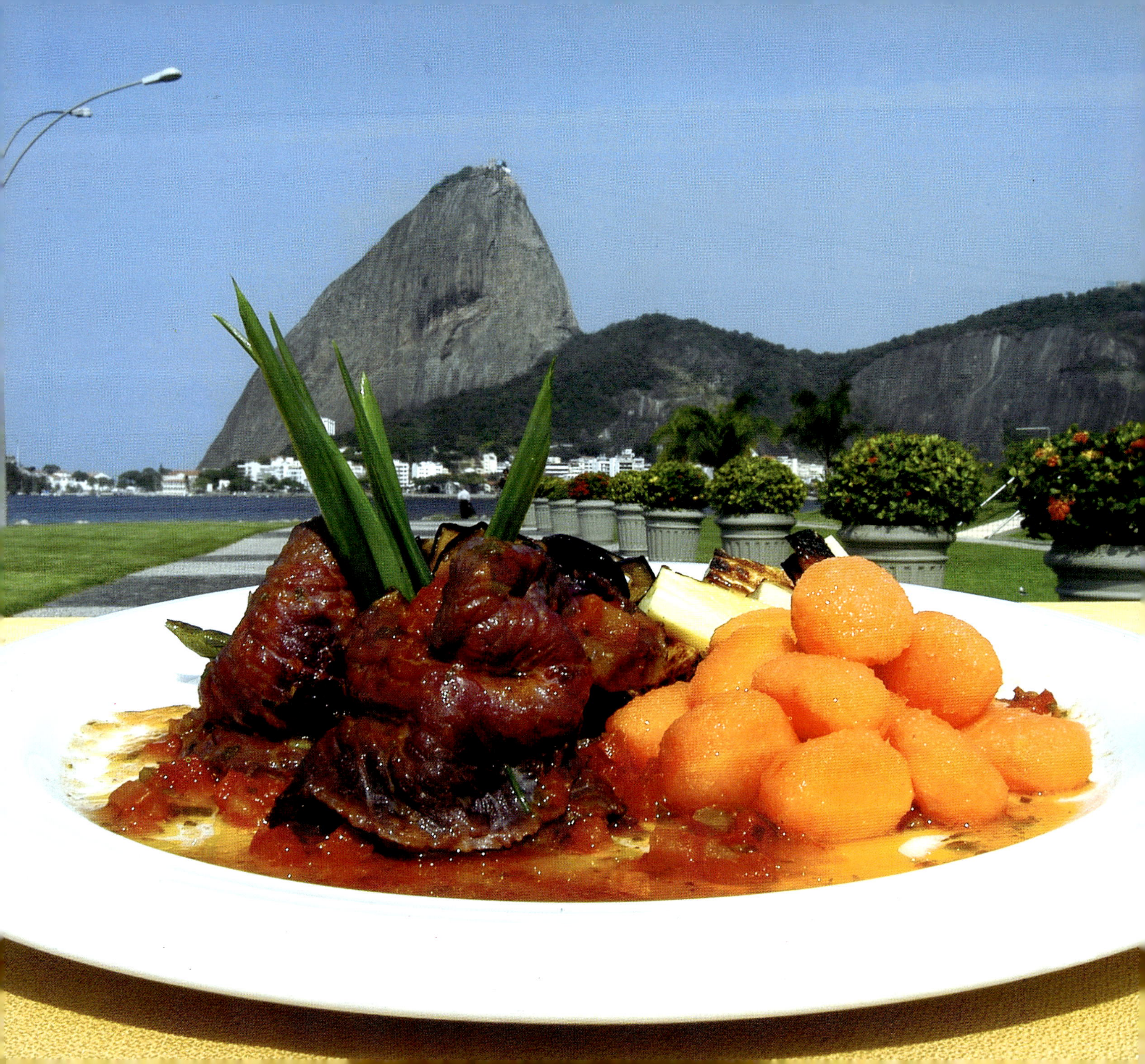

AVESTRUZ EM DOM MAIOR

Criação de Roberto Marinho • Porcão Rio's

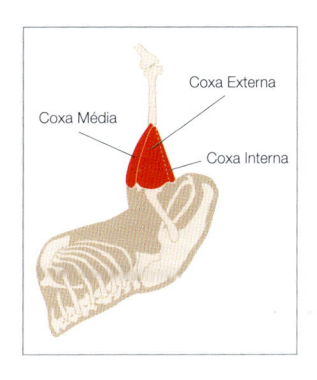

Modo de preparo:

1. Corte o pedaço de coxa externa em 3 escalopes. Tempere com sal, pimenta-do-reino e azeite extravirgem, e reserve.

2. Cozinhe a cenoura no vapor.

3. Grelhe o palmito e a berinjela.

4. Derreta a manteiga, adicione as alcaparras, os tomates, as ervas e reserve.

5. Forme 3 rosas com os escalopes e leve ao forno por cinco minutos, a 200°C.

6. Frite as folhas de almeirão até ficarem crocantes.

Montagem:

Arrume as folhas de almeirão no prato, disponha a cenoura cozida, o palmito e a berinjela grelhados. Arrume a carne, despeje o molho, deixando escorrer um pouco sobre o prato. Decore com cebolinha francesa.

Rendimento: 2 porções • Tempo de preparo: 25 minutos

---

180 g de coxa de avestruz

ACOMPANHAMENTO

100 g de cenouras cortadas em forma de bolinhas

1 talo de palmito cortado ao meio

6 rodelas de berinjela, cortadas bem finas,

Folhas de almeirão

Cebolinha francesa para decorar

MOLHO

50 g de manteiga

1 colher (chá) de alcaparras amassadas

1 tomate sem pele cortado em quadradinhos

1 pitada de ervas finas

E mais: azeite extravirgem (suficiente), sal e pimenta-do-reino a gosto

AVESTRUZ GRELHADO AO MOLHO DE PIMENTA VERDE À MODA LA GÁLIA

Criação de Paulo Cesar da Costa • La Gália Restaurante

Modo de preparo:

1. Tempere a carne com sal, alho e pimenta-do-reino, e deixe marinando por 15 minutos.

2. Preaqueça uma frigideira alta, coloque um fio de azeite e grelhe a carne de todos os lados. O ideal é servi-la malpassada. Reserve.

3. Aproveite o resíduo da frigideira, acrescente um pouco mais de azeite extravirgem, triture a pimenta-do-reino verde, acrescente o alho e deixe dourar por uns minutos.

4. Acrescente o vinho e, sem parar de mexer, junte aos poucos o fundo escuro. Adicione as ervas finas e deixe apurar. Assim que obtiver a consistência de um molho espesso, corrija o sal e reserve.

5. Salteie a seleta de legumes em azeite. Tempere com sal e cheiro verde.

Montagem:

Com uma faca bem afiada, corte a carne de avestruz em fatias bem finas. Arrume as fatias sobre o prato, formando um leque. Regue com o molho. Sirva com os legumes salteados e arroz branco.

Rendimento 1 porção • Tempo de preparo: 20 minutos

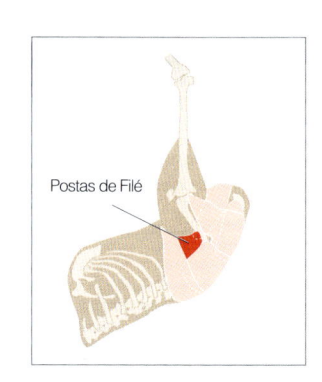

Postas de Filé

200 g de filet mignon de avestruz
1 colher de pimenta-do-reino verde
1 dente de alho picado.
1 pitada de ervas finas
150 ml de vinho tinto seco
100 ml de azeite extravirgem
200 ml de fundo escuro de carne, comprado pronto

ACOMPANHAMENTO

150 g de seleta de legumes.

E mais: azeite extravirgem, salsinha, sal a e pimenta-do-reino

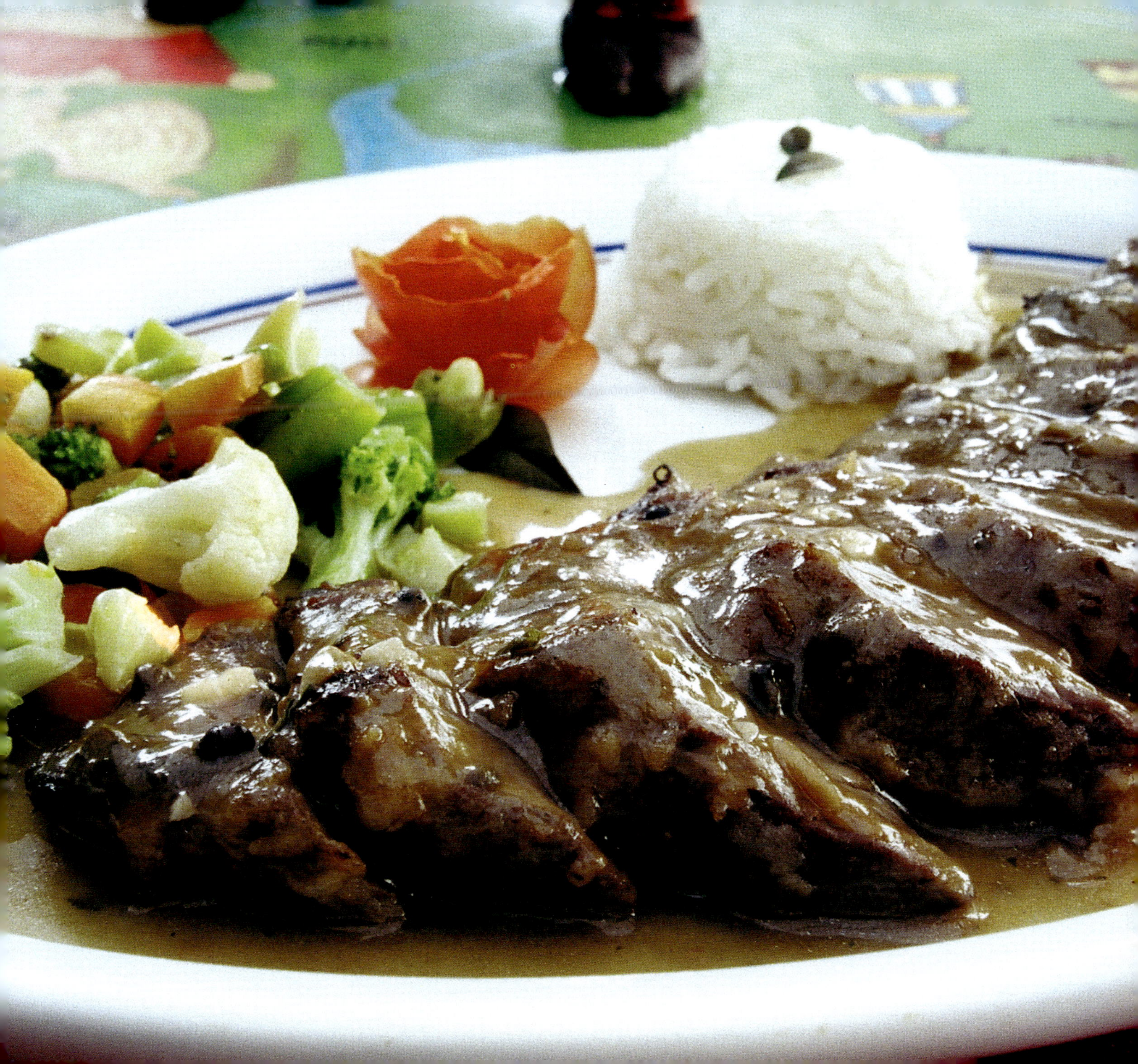

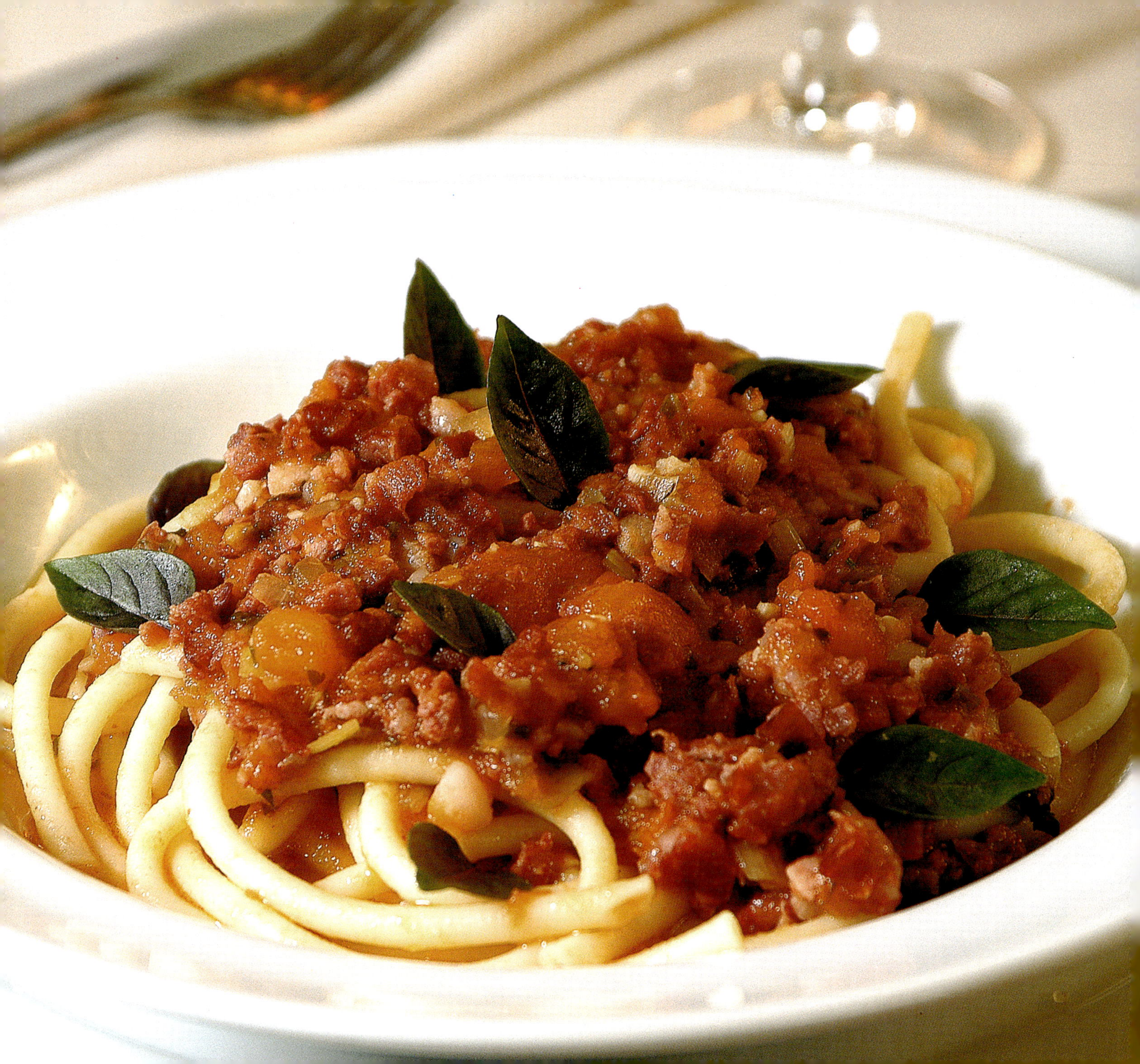

BUCATINI COM LINGÜIÇA DEFUMADA DE AVESTRUZ E MANJERONA

Criação de Ana Cristina Zambelli • Cantaloup

Modo de preparo:

1. Tire a pele da lingüiça, pique e refogue com azeite, cebola e alho.
2. Adicione o molho de tomate e cozinhe.
3. Cozinhe a massa em água com sal e óleo.

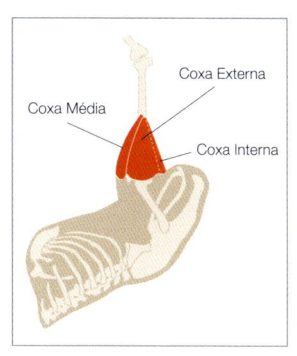

Montagem:

Distribua o macarrão em pratos de servir, coloque o molho sobre a massa e decore com folhas de manjerona.

---

250 g de lingüiça defumada de avestruz Ceratti

500 ml de molho de tomate

250 g de bucatini

3 l de água (para cozinhar a massa)

25 g de manjerona fresca

E mais: azeite e sal a gosto

Rendimento: 4 porções • Tempo de preparo: 30 minutos

ESCALOPES DE AVESTRUZ

Criação de Marcelo de Andrade • Santa Gula

Modo de preparo:

1. Tempere a batata com sal e pimenta-do-reino. Faça montinhos, regue com um fio de azeite extravirgem e asse até ficar dourada.

2. Corte as fatias de cebola ao meio. Doure o bacon no azeite extravirgem. Junte a cebola e por último o champignon. Dê uma leve salteada.

3. Grelhe os escalopes e tempere-os com sal e pimenta-do-reino.

Montagem:

Na hora de servir, arrume no prato os montinhos de batatas grelhados, os escalopes e o champignon salteado. Disponha a manteiga de ervas sobre a carne.

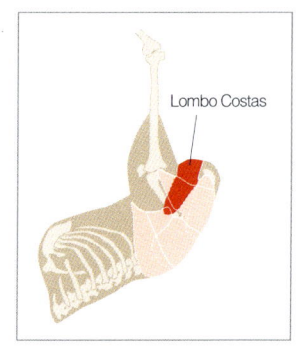

180 g de escalopes de avestruz (lombo costas)	
20 g de manteiga de ervas finas	
ACOMPANHAMENTO	
300 g de batata cortada em lâminas	
50 g de chanpignons frescos cortado em lâminas	
70 g de bacon cortado em cubinhos	
Cebola cortada em fatias finas	
E mais: azeite extravirgem, sal e pimenta-do-reino a gosto	

Rendimento: 1 porção • Tempo de preparo: 30 minutos

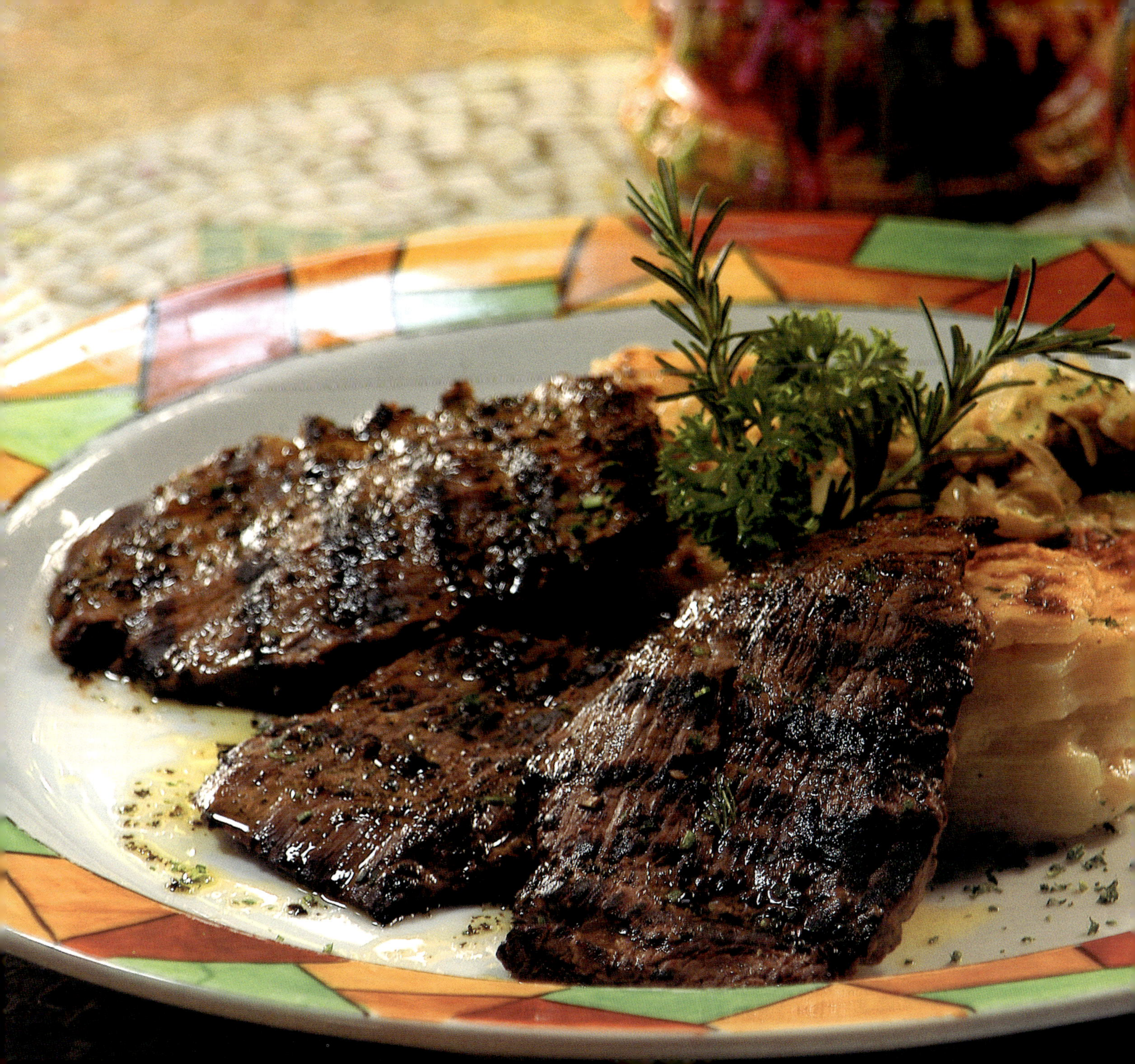

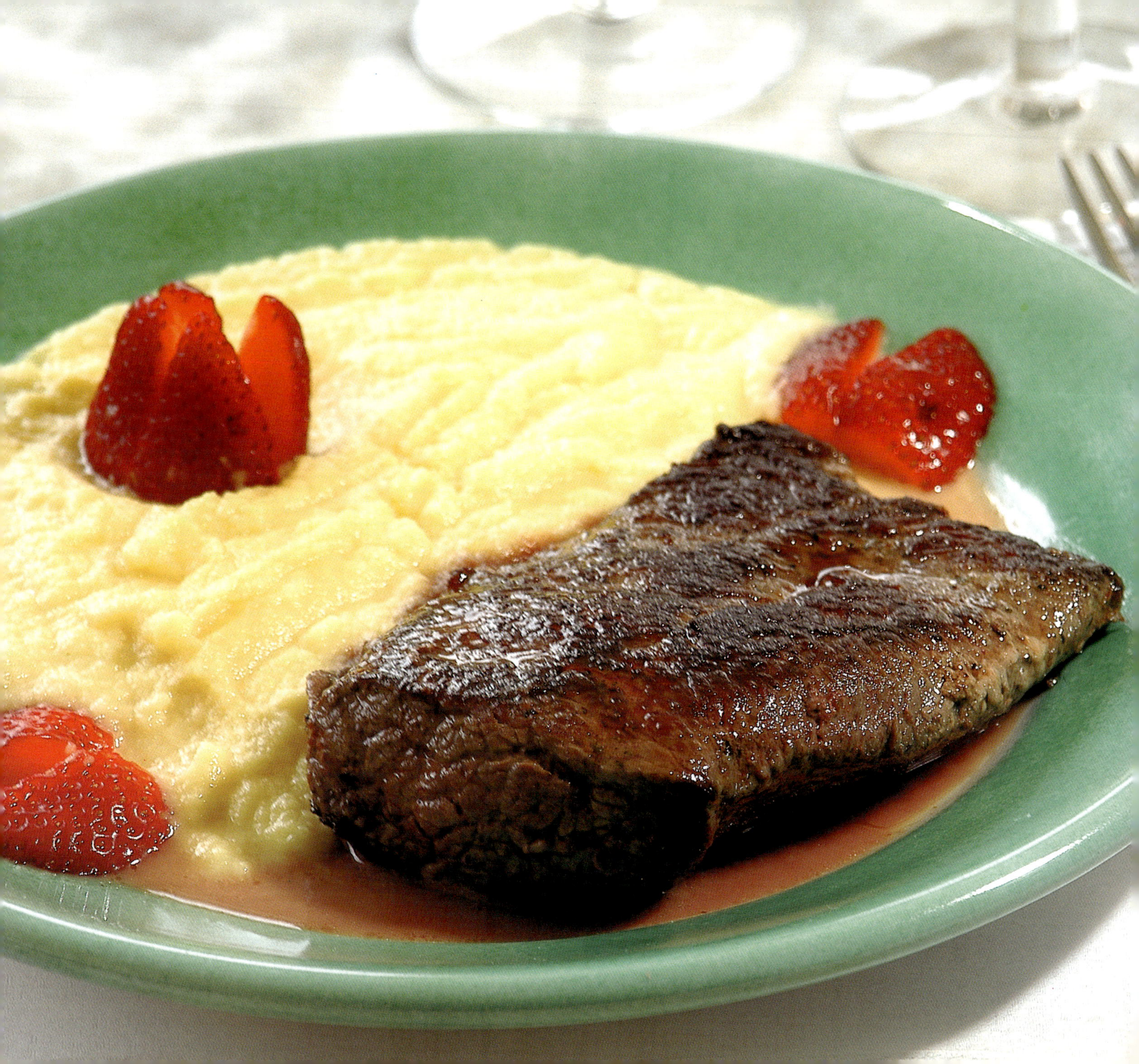

FILÉ DE AVESTRUZ COM PURÊ DE MAÇÃ

Criação de Iranildo Frota • Bar Mercearia São Roque

Modo de preparo:

1. Tempere a carne com o azeite e as ervas finas e deixe marinando por 1 hora.

2. Grelhe o lombo em chapa previamente aquecida, por, no máximo, 5 minutos.

Montagem:

Na hora de servir, corte uma fatia de carne e arrume no prato de servir. Coloque ao lado uma porção de purê de maçã. Decore com uma fruta da estação.

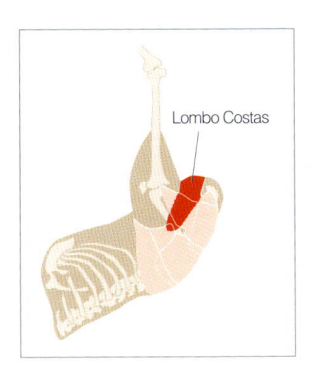

Lombo Costas

1 lombo (costas) de avestruz grande de aproximadamente 800 g

1 pitada de ervas finas

1 colher (sopa) de azeite

Sal a gosto

Purê de maçã

Rendimento: 4 porções • Tempo de preparo: 10 minutos

FILET DE AVESTRUZ COM QUENELES DE ABÓBORA

Criação de Tânia Carneiro Novaes • Chácara Santa Cecília

Modo de preparo:

1. Grelhe os filés em uma frigideira.

2. Acerte o sal e coloque a pimenta-do-reino.

3. Guarde os filés dentro do forno quente.

4. Na mesma frigideira em que foram grelhados os filés, coloque a manteiga, os champignons, o molho rôti e o vinho do porto e deixe reduzir um pouco.

Montagem:

Coloque os filés no prato e despeje um pouco de molho sobre eles. Sirva com queneles de abóbora. Decore com tomates ou pimenta vermelha e salsa crespa.

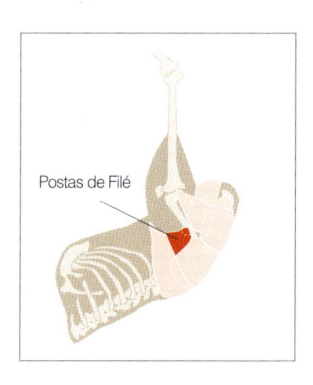

2 medalhões de filé mignon de avestruz

Molho rôti comprado pronto

Champignons de Paris cortados em lâminas

Vinho do Porto

Manteiga

Alho, cebola, cebolinha (picados)

Sal e pimenta-do-reino a gosto

ACOMPANHAMENTO

Queneles de abóbora

Rendimento: 1 porção • Tempo de preparo: 15 minutos

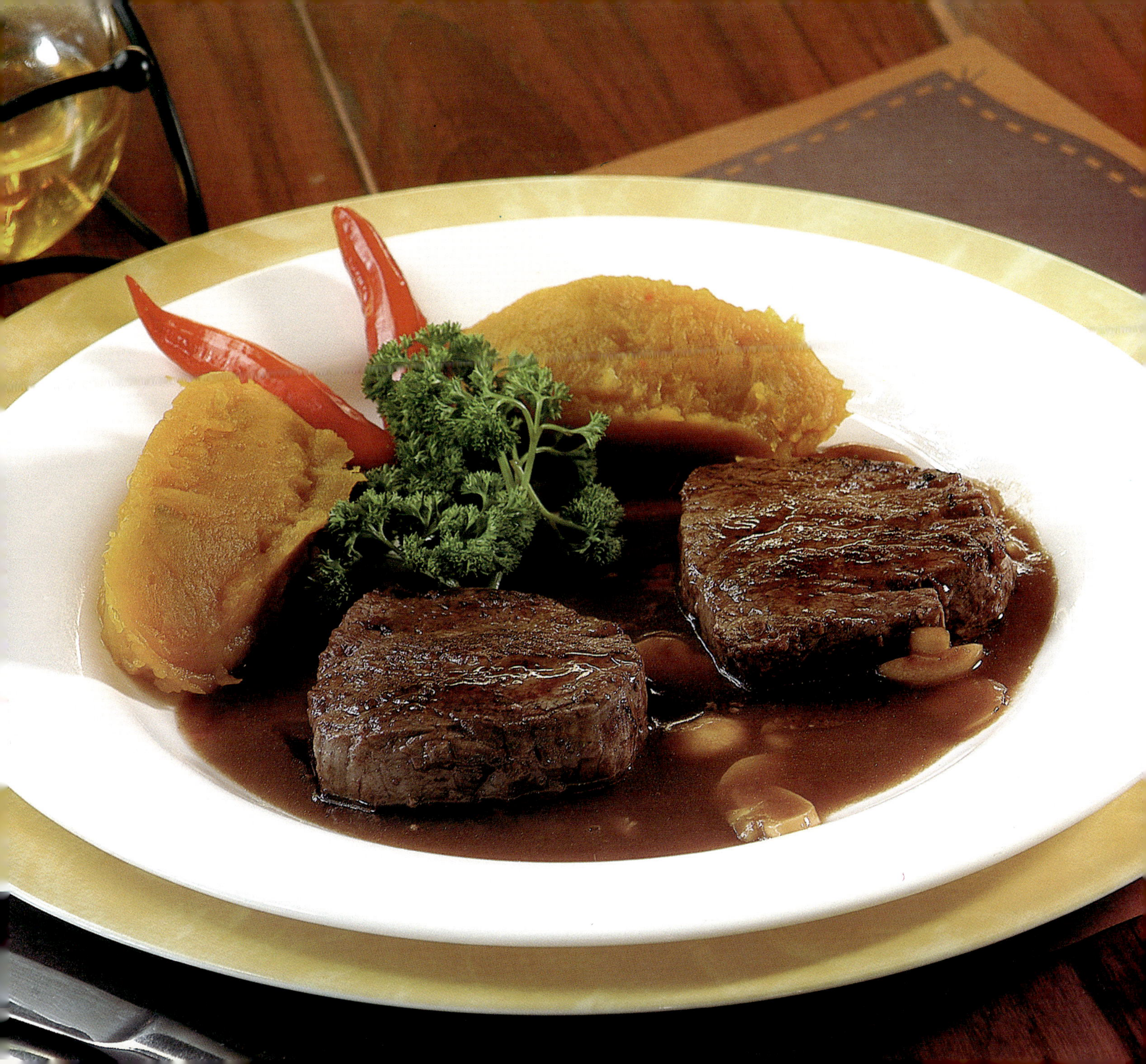

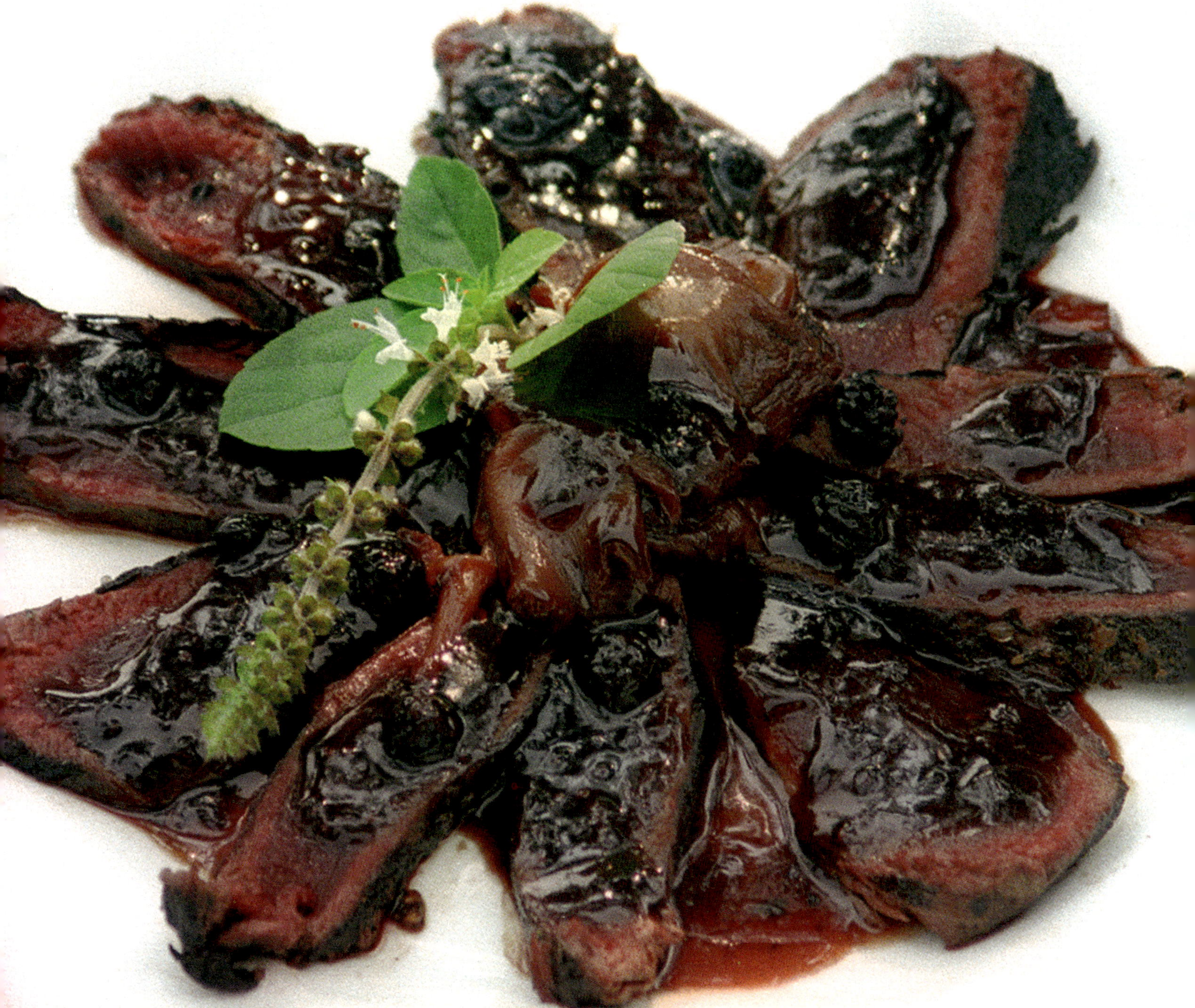

FILET D'AUTRUCHE AU SAUCE MÛRE

Filé de avestruz ao molho de amoras • Criação de Altamiro Geraldo Nunes Filho • Chez Altamiro

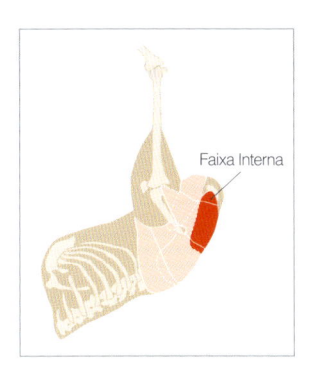

Modo de preparo:

1. Em uma panela reduza o caldo de carne até obter a metade, acrescente o vinho branco e deixe levantar fervura. Adicione a poupa de amora e o açúcar e deixe reduzir pela metade. Tempere com ervas de Provence, corrija o sal e reserve.

2. Em uma frigideira preaquecida, coloque o azeite e o alecrim e frite rapidamente os dois lados do filet de avestruz. Tempere com sal e pimenta-do-reino.

3. Em outra frigideira aqueça o azeite e refogue os cogumelos. Tempere com ervas de Provence e sal.

Montagem:

Corte o filet em fatias e disponha no centro do prato. Derrame um pouco do molho. Arrume os cogumelos de forma harmônica.

- 250 g de filé de avestruz (faixa interna)
- 1 ramo de alecrim
- Sal e pimenta-do-reino a gosto
- Ervas de Provence
- 500 ml de caldo de carne
- 1 taça de vinho branco
- 1 sachê de polpa de amora congelada
- 2 colheres (sopa) de açúcar
- 200 g de cogumelos pleurotes
- Azeite suficiente

Rendimento: 1 porção • Tempo de preparo: 10 minutos

LEQUE DE AVESTRUZ GRELHADO COM ARROZ TAILANDÊS E REDUÇÃO DE PORTO

Criação de Bernardo Menegaz • Ponderox Grill

Modo de preparo:

1. Em uma panela, reduza o vinho do Porto, em fogo bem baixo, até obter um xarope.

2. Em uma frigideira quente, coloque a manteiga clarificada e salteie o cogumelo e as ervilhas. Acrescente as castanhas, a cebolinha picada e o arroz tailandês. Acerte o sal.

3. Grelhe as fatias de abobrinha.

4. Grelhe o filé de avestruz até o ponto desejado. Tempere com sal e pimenta-do-reino.

Montagem:

Arrume o arroz no centro do prato, coloque a carne ao lado, e decore com as fatias de abobrinha. Despeje a redução do vinho do Porto sobre a carne grelhada.

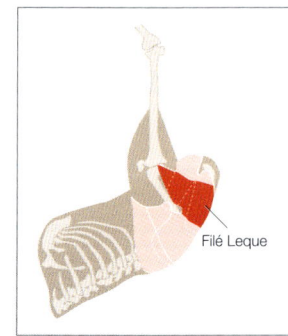

Rendimento: 1 porção • Tempo de preparo: 15 minutos

---

260 g de filé leque de avestruz

ACOMPANHAMENTO

100 ml de vinho do Porto

15 ml de manteiga clarificada

30 g de cogumelo shitake

1 colher (sopa) de ervilha fresca

1 colher (sopa) de castanha de caju

Cebolinha verde picada a gosto

100 g de arroz tailandês já cozido

2 fatias bem finas de abobrinha, cortadas no sentido do comprimento

E mais: sal e pimenta-do-reino a gosto

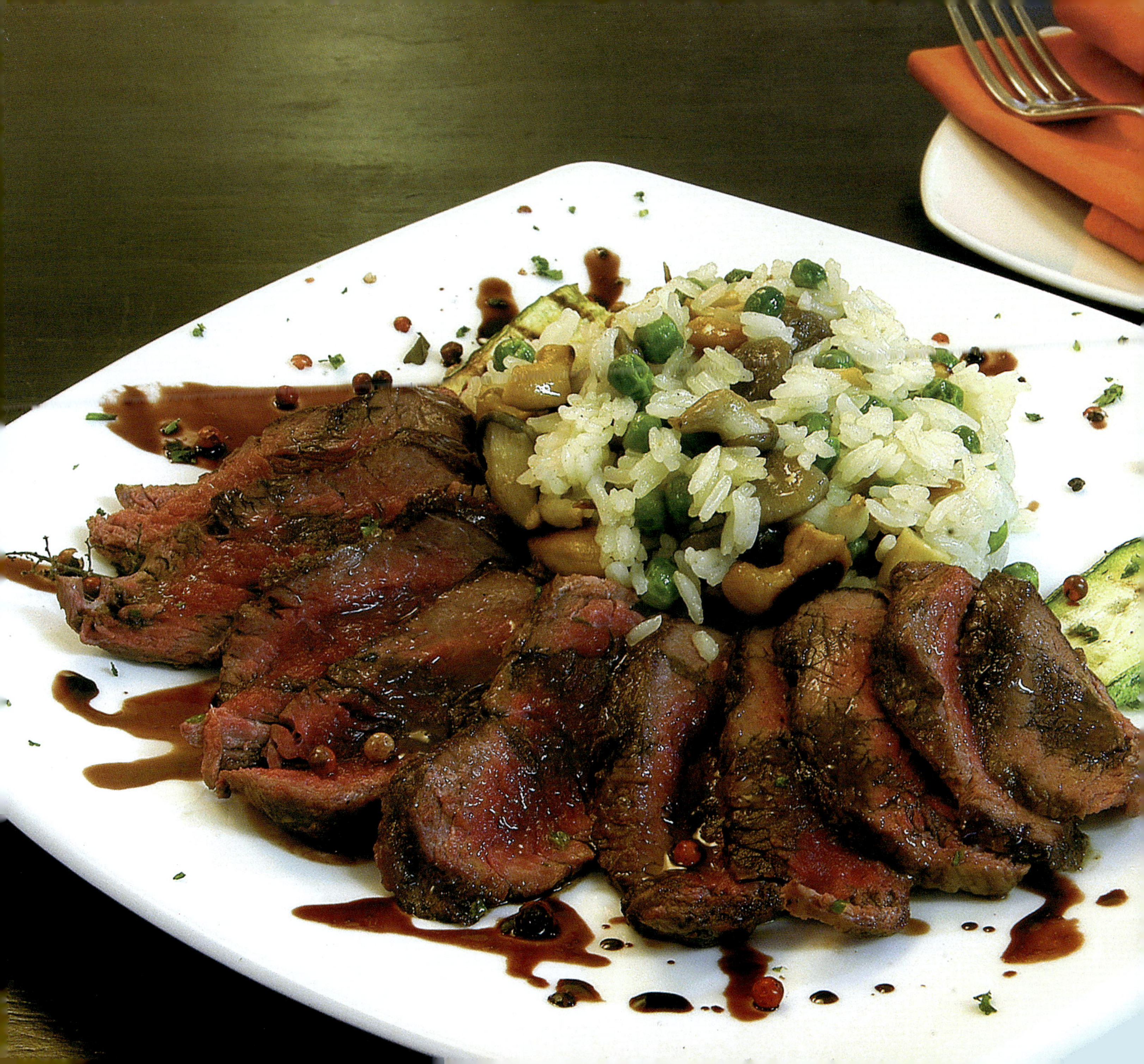

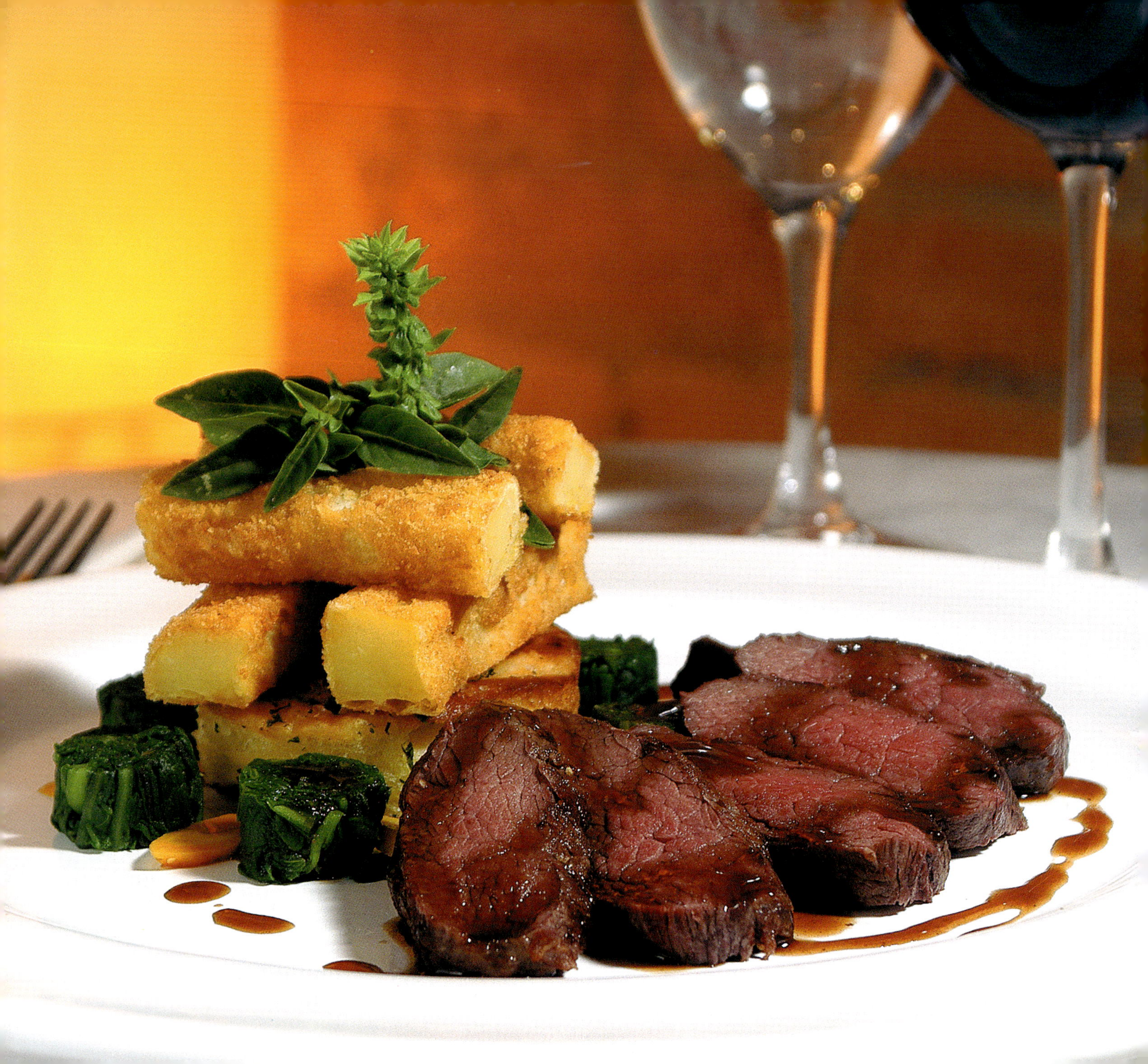

LOMBO DE AVESTRUZ COM BATATA PONT-NEUF AO MOLHO DE JABUTICABA

Criação de Antonio Francisco dos Santos • Cantaloup

Modo de preparo:

1. Tempere o lombo com sal e pimenta-do-reino

2. Grelhe de ambos os lados por cerca de 5 minutos.

Montagem:

Num dos lados do prato, disponha o avestruz já cortado formando um leque. Do lado oposto, arrume a batata pont-neuf. Ao redor do prato, distribua fatias do salsichão de espinafre. Regue a carne com o molho de jabuticaba. Decore com um ramo de manjericão.

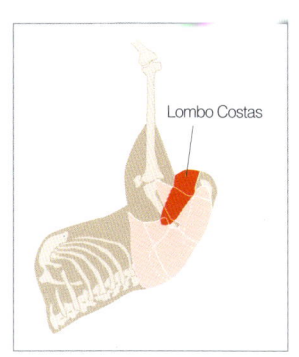

---

180 g de lombo (costas) de avestruz

sal

pimenta-do-reino a gosto

ACOMPANHAMENTO

Batata pont-neuf

60 g de salsichão de espinafre

30 ml de molho de jabuticaba

1 ramo de manjericão

Rendimento: 1 porção • Tempo de preparo: 5 minutos

LOMBO DE AVESTRUZ SALTEADO

Criação de Milton Eiji Toyoshima • Shimo Restaurante

Modo de preparo:

1. Corte os filés em tiras uniformes.

2. Frite a batata e reserve.

3. Em uma frigideira aqueça o óleo, e coloque a carne de avestruz para selar de todos os lados.

4. Acrescente a cebola, o tomate e o alho picado, sem parar de mexer.

5. Adicione o vinagre e o shoyo e mexa bem. Tempere com glutamato monossódico e pimenta-do-reino a gosto. Acerte o sal.

6. Por último coloque a batata frita, tomando com cuidado para quebrá-la, e o coentro.

Montagem:

Arrume o refogado em um prato de servir.

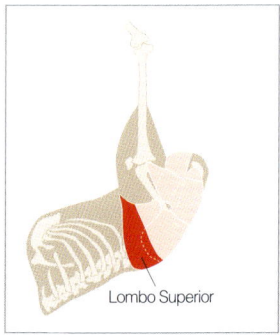

250 g de lombo de avestruz com 2 a 2,5 cm de espessura

100 g de batata palito crua

80 g de cebola roxa cortada em gomos

80 g de tomate cortada em gomos

10 g de alho picado

30 ml vinagre

30 ml de shoyo

E mais: sal, glutamato monossódico, pimenta-do-reino e coentro picado

Rendimento: 1 porção • Tempo de preparo: 10 minutos

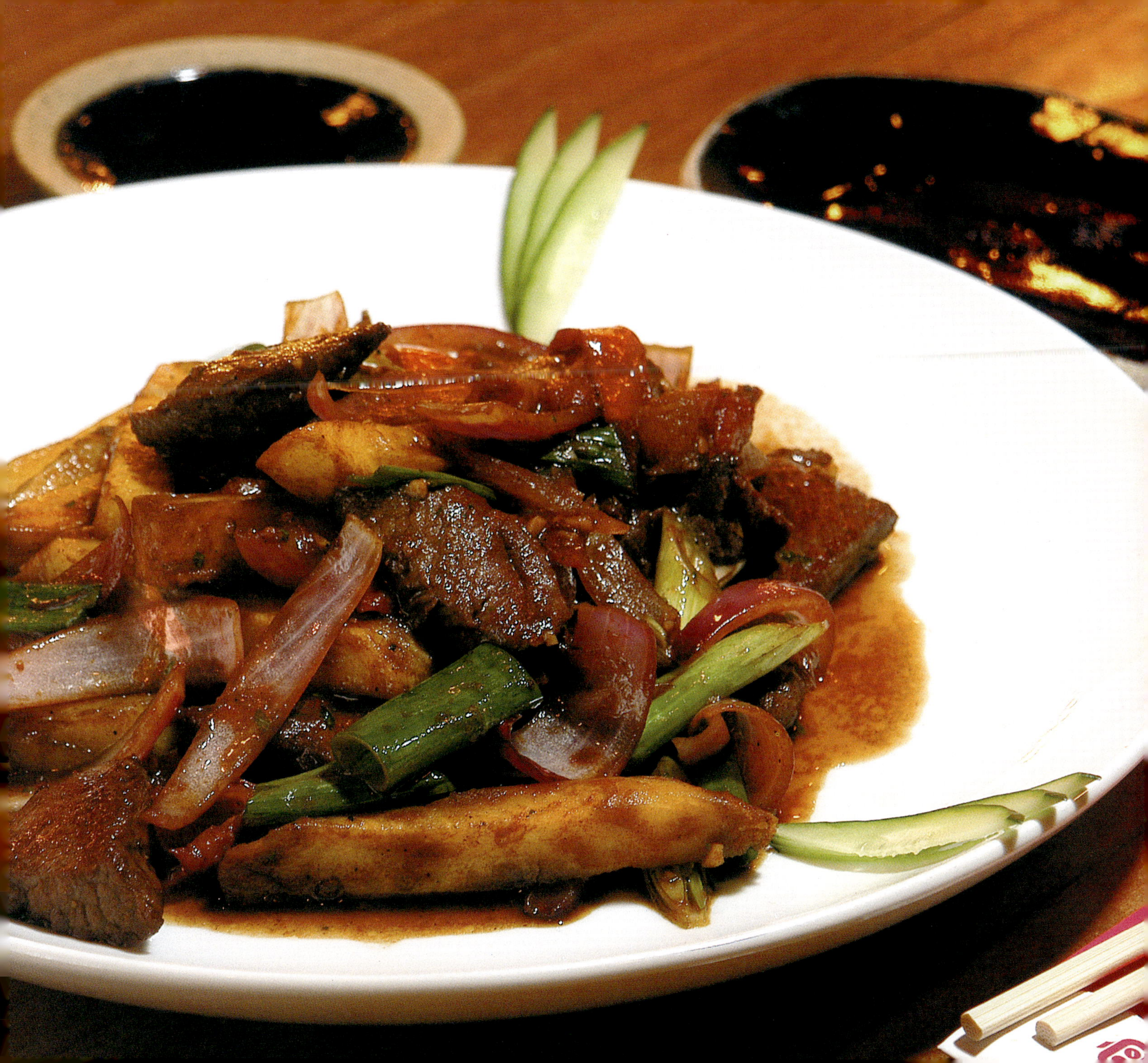

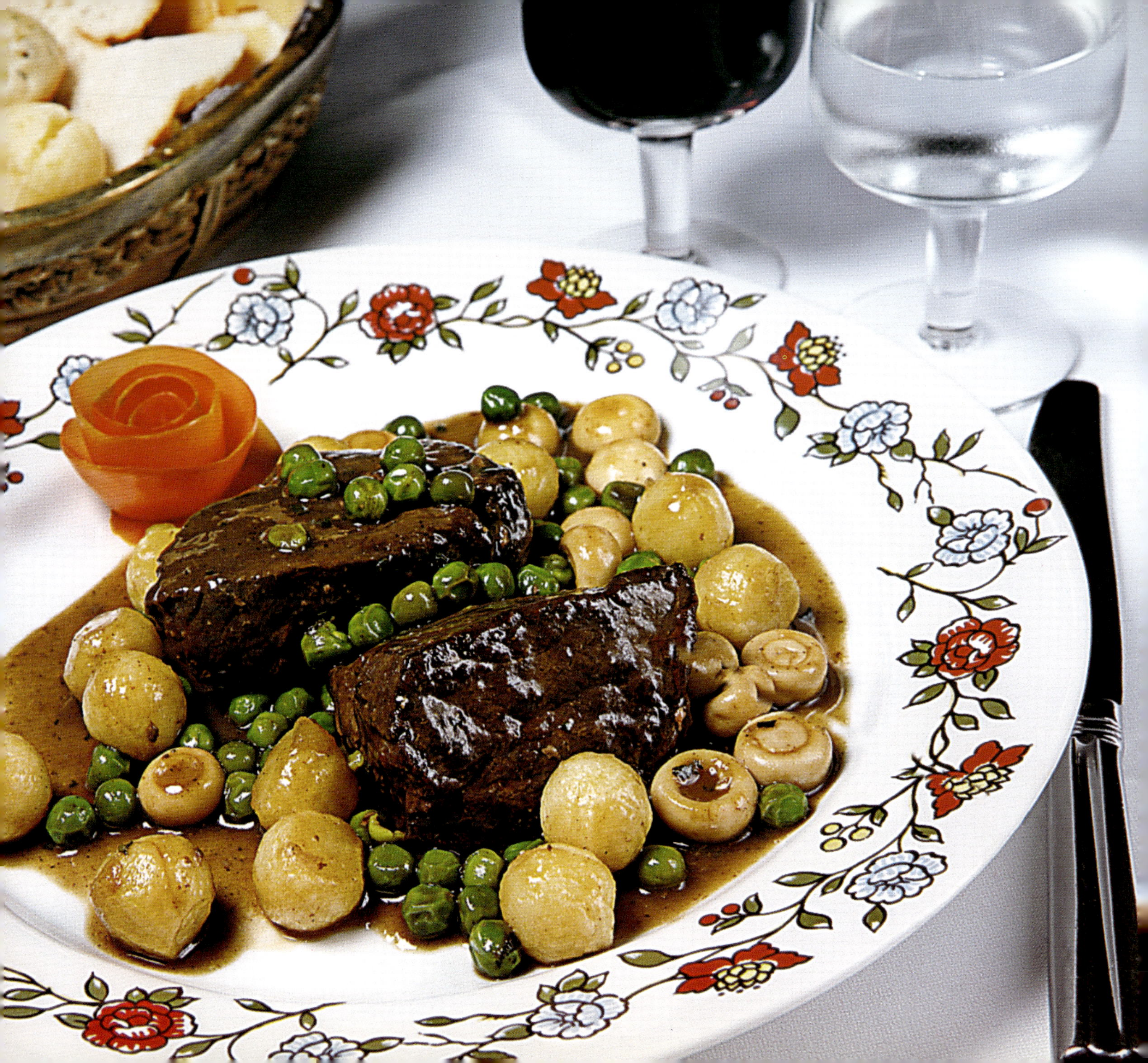

MEDAILLON D'AUTRUCHE A LA POPOTE

Medalhão de avestruz a La Popote* • Criação de José Pereira dos Santos • La Cocagne

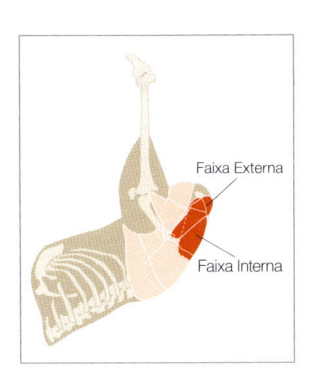

Modo de preparo:

1. Tempere os medalhões com sal e pimenta-do-reino e reserve.

2. Em uma caçarola, aqueça o óleo e doure as batatas.

3. Salteie o champignon e as ervilhas na manteiga. Junte as batatas coradas e o molho rôti. Apure e acrescente as ervas. Acerte o sal.

4. Em uma frigideira antiaderente, tipo grelha, grelhe os medalhões, virando de todos os lados, até chegar ao ponto (mais ou menos 2 minutos).

Montagem:

Arrume os medalhões no centro do prato, e derrame um pouco do molho sobre eles. Distribua os legumes em volta da carne. Decore a gosto.

---

600 g de filé de avestruz, cortados em 8 medalhões de tamanho uniforme

250 g batatas grisette (pré-cozidas)

200 g de champignon de Paris

200 g de ervilhas frescas (já cozidas)

500 ml molho rôti (comprado pronto)

2 colheres (café) de ervas de Provence

1 colher (sopa) rasa de manteiga

E mais: óleo de boa qualidade, sal e pimenta-do-reino a gosto

Rendimento: 4 porções • Tempo de preparo: 5 a 8 minutos

* O nome da receita é uma homenagem do chef Pereira ao La Popote, o primeiro restaurante francês aberto em São Paulo, onde ele trabalhou. (N.E.)

MEDALHÕES DE AVESTRUZ AU POIVRE VERT

Criação de Agnaldo Tavares • Churrascaria Rodeio

Modo de preparo:

1. Tempere o avestruz com sal e pimenta-do-reino, e grelhe por 15 minutos, virando de todos os lados.

2. Em uma frigideira coloque a manteiga e doure a cebola. Acrescente a pimenta-do-reino verde, o conhaque, o molho madeira e, por último o creme de leite. Cozinhe por 5 minutos em fogo brando.

3. Prepare o purê e frite a mandioca.

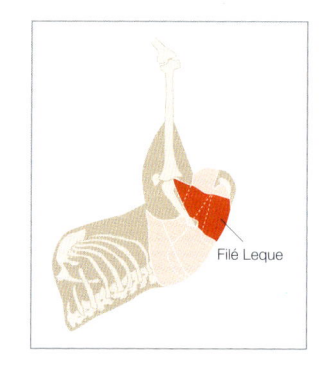

Montagem:

Coloque a carne no prato e espalhe o molho. Disponha harmoniosamente os acompanhamentos (purê de abóbora e mandioca frita).

Rendimento: 1 porção • Tempo de preparo: 20 minutos

---

350 g de filé leque de avestruz

MOLHO

1/2 colher (sopa) de cebola branca ralada

1/2 colher (sopa) de manteiga

1 colher (sopa) de pimenta-do-reino verde

1 colher (sopa) de conhaque

5 colheres (sopa) de molho madeira pronto

1 colher (sopa) de creme de leite

ACOMPANHAMENTO

Purê de abóbora

Mandioca congelada

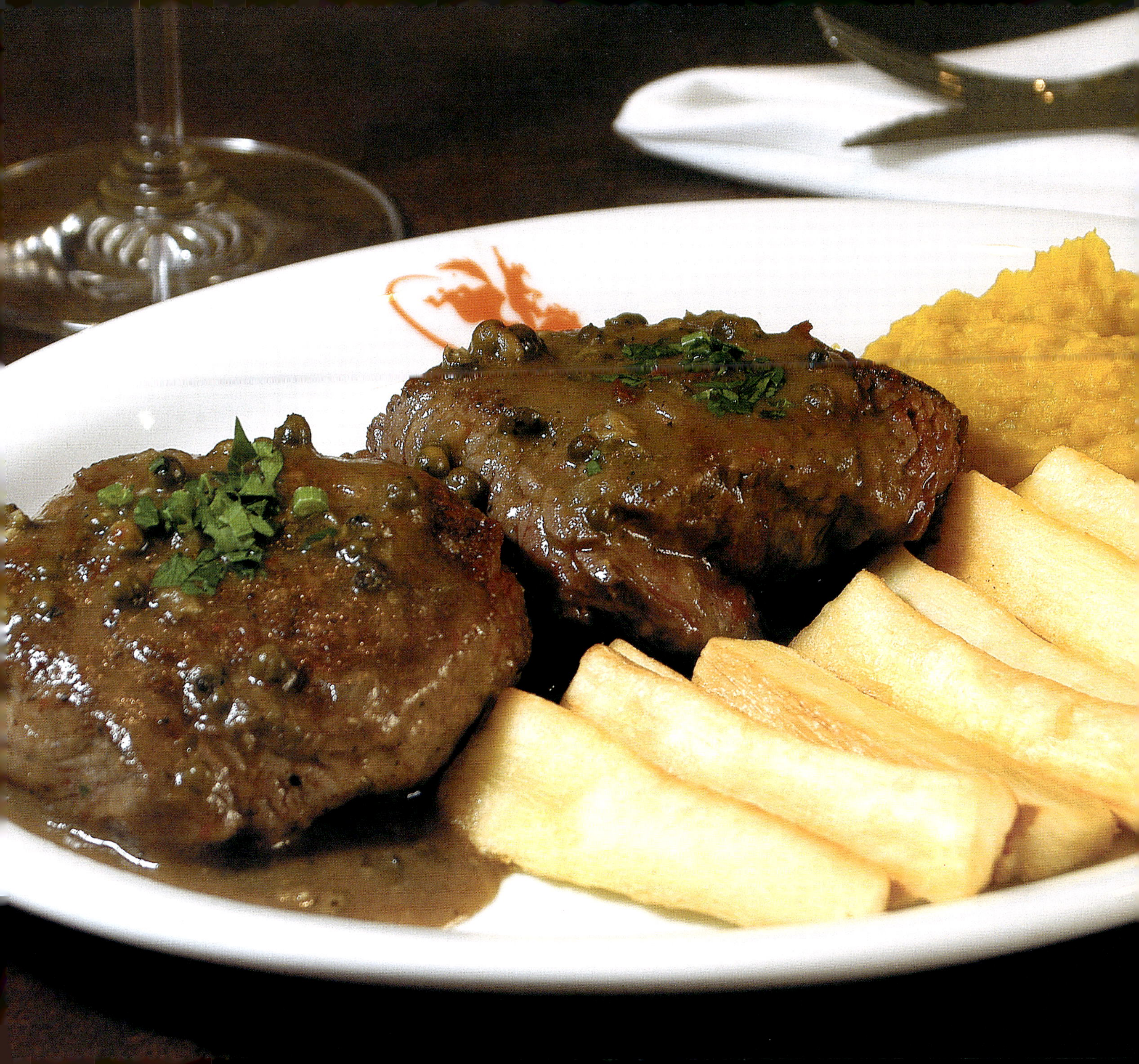

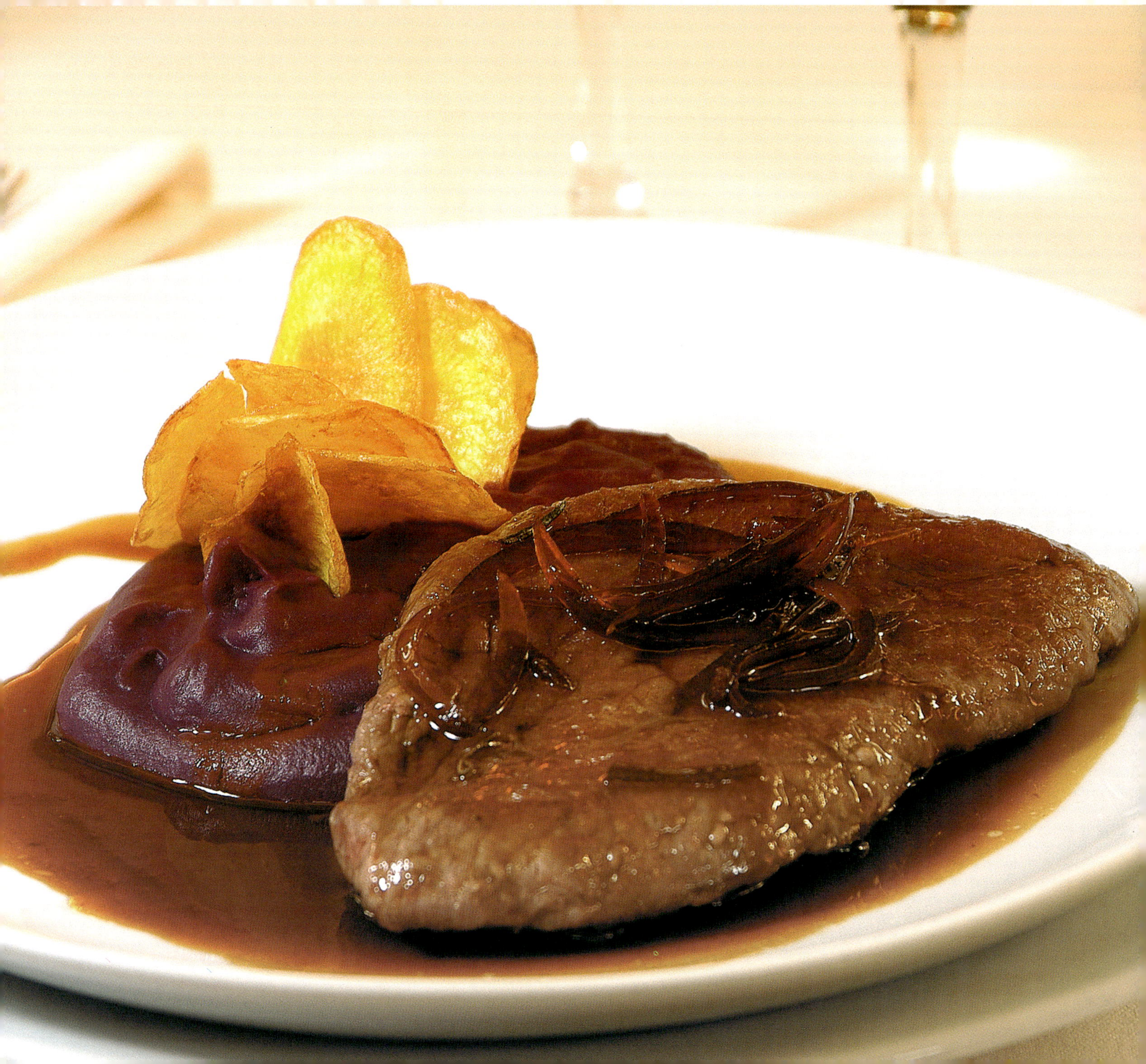

OSTRA DE AVESTRUZ COM PURÊ DE BATATA-DOCE ROXA AO MOLHO DE CONFIT DE LARANJA

Criação de Ana Cristina Zambelli • Cantaloup

Modo de preparo:

1. Tempere a carne de avestruz com sal, pimenta-do-reino e manteiga de ervas. Reserve.

2. Grelhe a carne por cerca de 4 a 5 minutos.

Montagem:

Arrume o purê de batata-doce roxa em um dos lados do prato. Do lado oposto disponha o filé de ostra. Regue a carne com o molho de confit de laranja. Decore com batata chips ou chips de mandioquinha.

180 g de filé ostra de avestruz

30 ml de molho de confit de laranja

30 g de manteiga de ervas

Sal e pimenta-do-reino a gosto

ACOMPANHAMENTO

Purê de batata-doce doce roxa

Rendimento: 1 porção • Tempo de preparo: 5 minutos.

PICADINHO DE AVESTRUZ

Criação de Carlos Perico • Antiquarius Restaurante

Modo de preparo:

1. Em uma panela, coloque a manteiga e doure a cebola e o alho.

2. Coloque a carne de avestruz e flambe com o conhaque

3. Junte o molho de tomate, o louro e deixe cozinhar bem. Se for preciso, acrescente um pouco de água.

4. Prepare o ovo poché e frite a banana.

Montagem:

Em uma tigela, coloque a carne, o ovo poché e a banana frita. Salpique com a salsinha picada. Sirva com arroz branco, feijão e farofa.

Rendimento: 1 porção • Tempo de preparo: 15 minutos

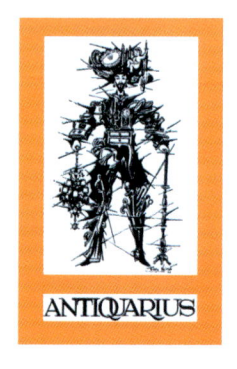

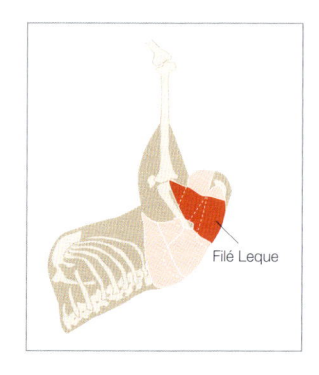

250 g de filé leque de avestruz picado em pequenos cubos
2 colheres (sopa) de manteiga
½ cebola picada
2 dentes de alho amassados
1 dose de conhaque
50 ml de molho de tomate
2 folhas de louro
1 ovo poché
1 banana nanica ou prata à milanesa
Salsinha picada

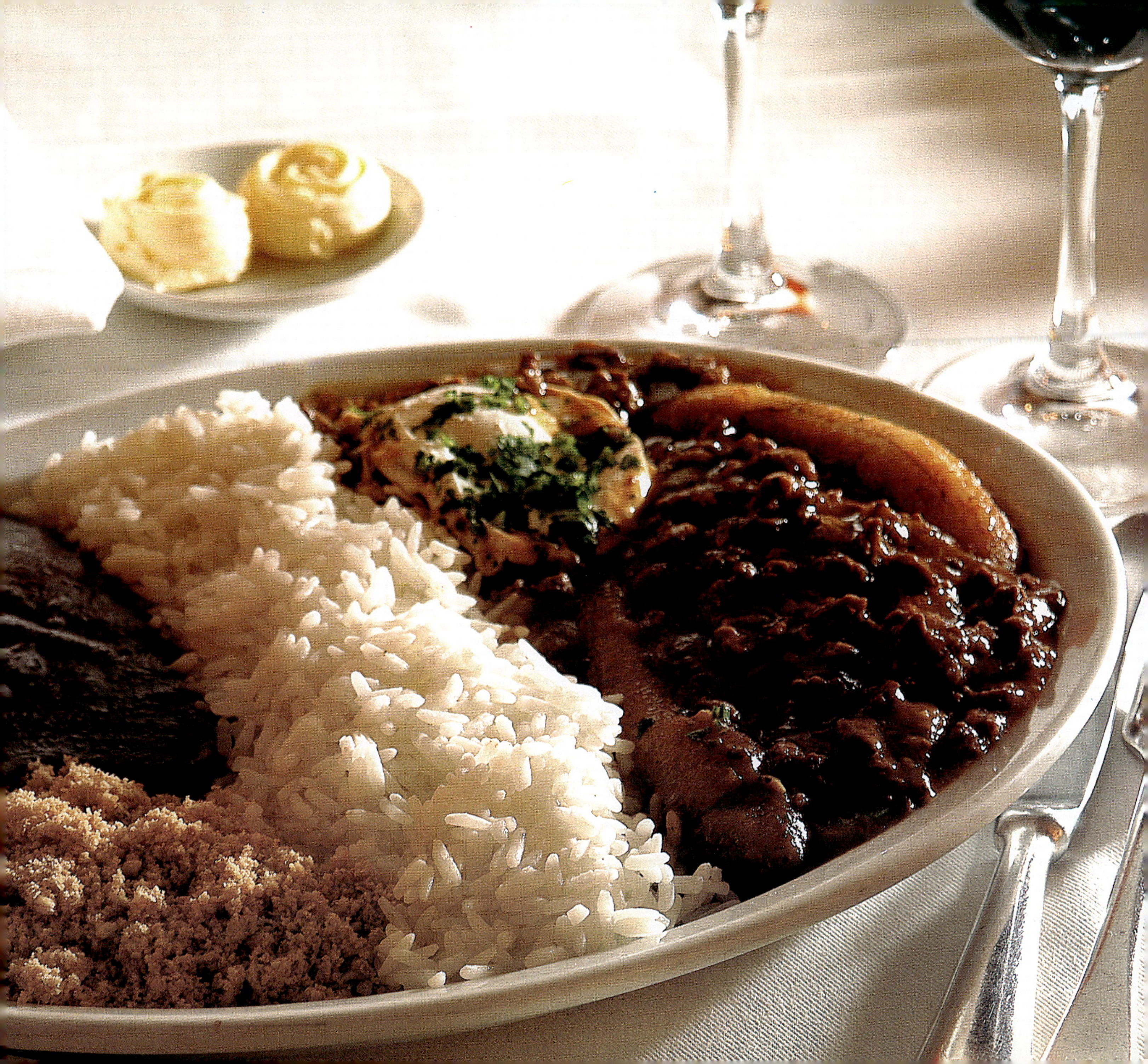

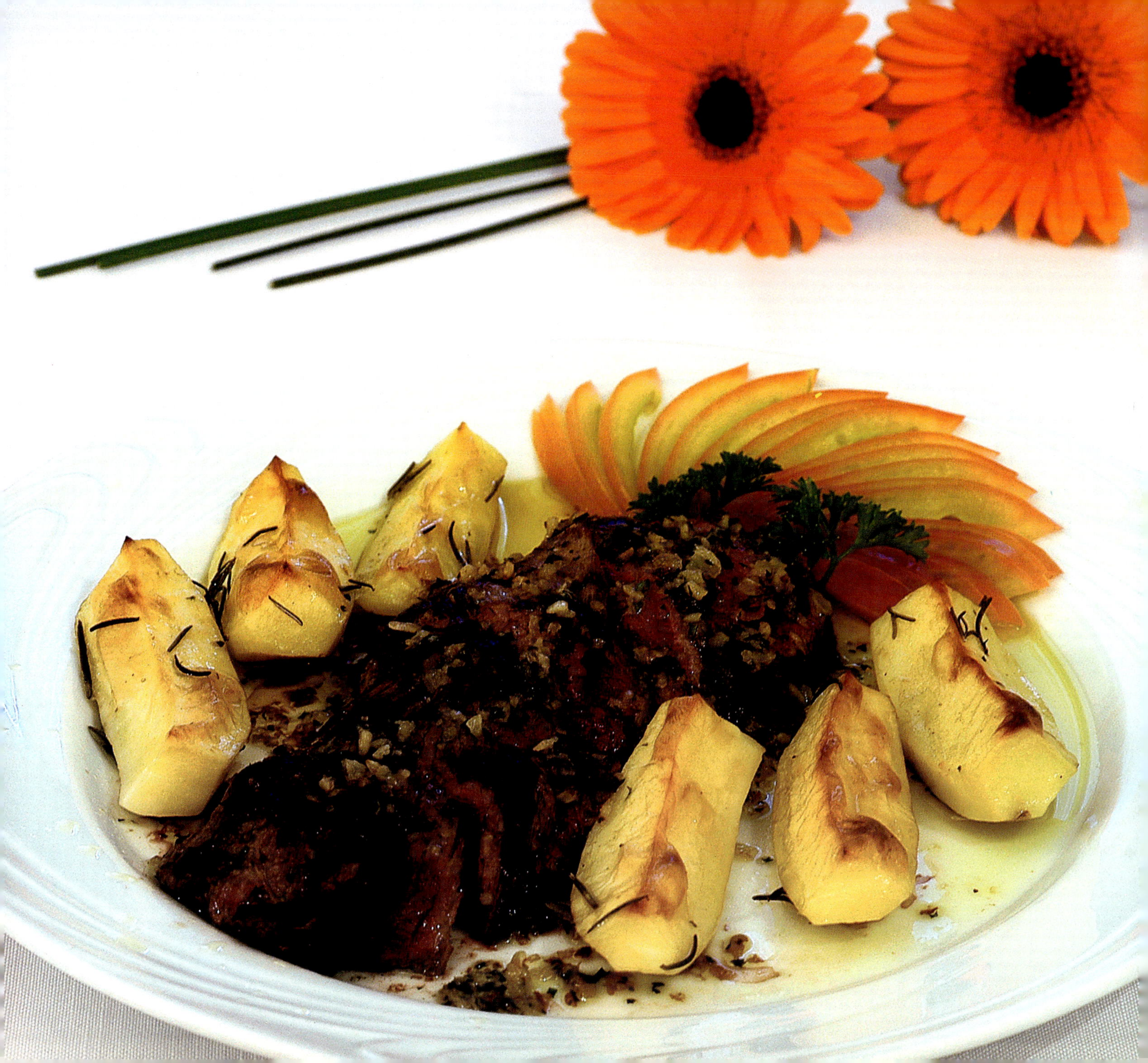

PICANHA DE AVESTRUZ AO MOLHO CAFÉ PARIS

Criação de Antonio Salustiano Sobrinho • D'Amici Ristorante

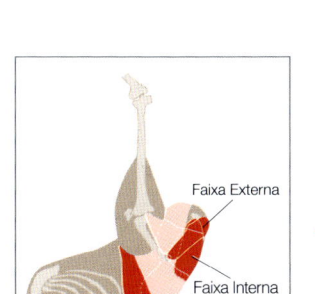

Modo de preparo:

1. Passe sal grosso na carne e grelhe ao ponto ou malpassada.

2. Corte a batata em pedaços regulares e grelhe.

3. Em uma panela, coloque a manteiga e frite o alho, a cebola e as ervas. Reserve.

Montagem:

Fatie a carne, arrume sobre o prato e despeje um pouco de molho. Disponha a batata grelhada. Decore com fatias finas de tomate.

---

200 a 250 g de picanha de avestruz

Sal grosso

1 batata grande cozida

MOLHO CAFÉ PARIS

50 g de manteiga

1 colher (sobremesa) de alho picado

1 colher (sobremesa) de cebola picada

Alecrim, sálvia e manjericão frescos a gosto

Rendimento: 1 porção • Tempo de preparo: 15 minutos

PICANHA DE AVESTRUZ COM PALMITO ASSADO

Criação de Antônio Carlos Soares • Tower Grill

Modo de preparo:

1. Misture o sal grosso e as ervas finas. Tempere a picanha com essa mistura. Retire o excesso e grelhe a carne. Reserve.

2. Envolva o palmito fresco com azeite e sal grosso e embrulhe em papel de alumínio. Asse no forno, a 150º, por 30 minutos ou um pouco mais. Para saber se está no ponto, basta espetar o palmito, se não houver a resistência, está pronto para servir.

Montagem:

Coloque a carne em um prato de servir e disponha o palmito cortado de uma forma harmoniosa. Decore a gosto

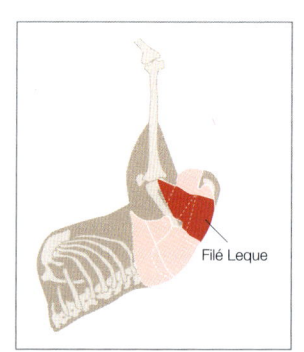

600 g de picanha de avestruz (filé leque)
400 g de palmito pupunha fresco
Sal grosso
Ervas finas a gosto
Azeite de oliva extravirgem

Rendimento: 2 porções • Tempo de preparo: 30 a 35 minutos

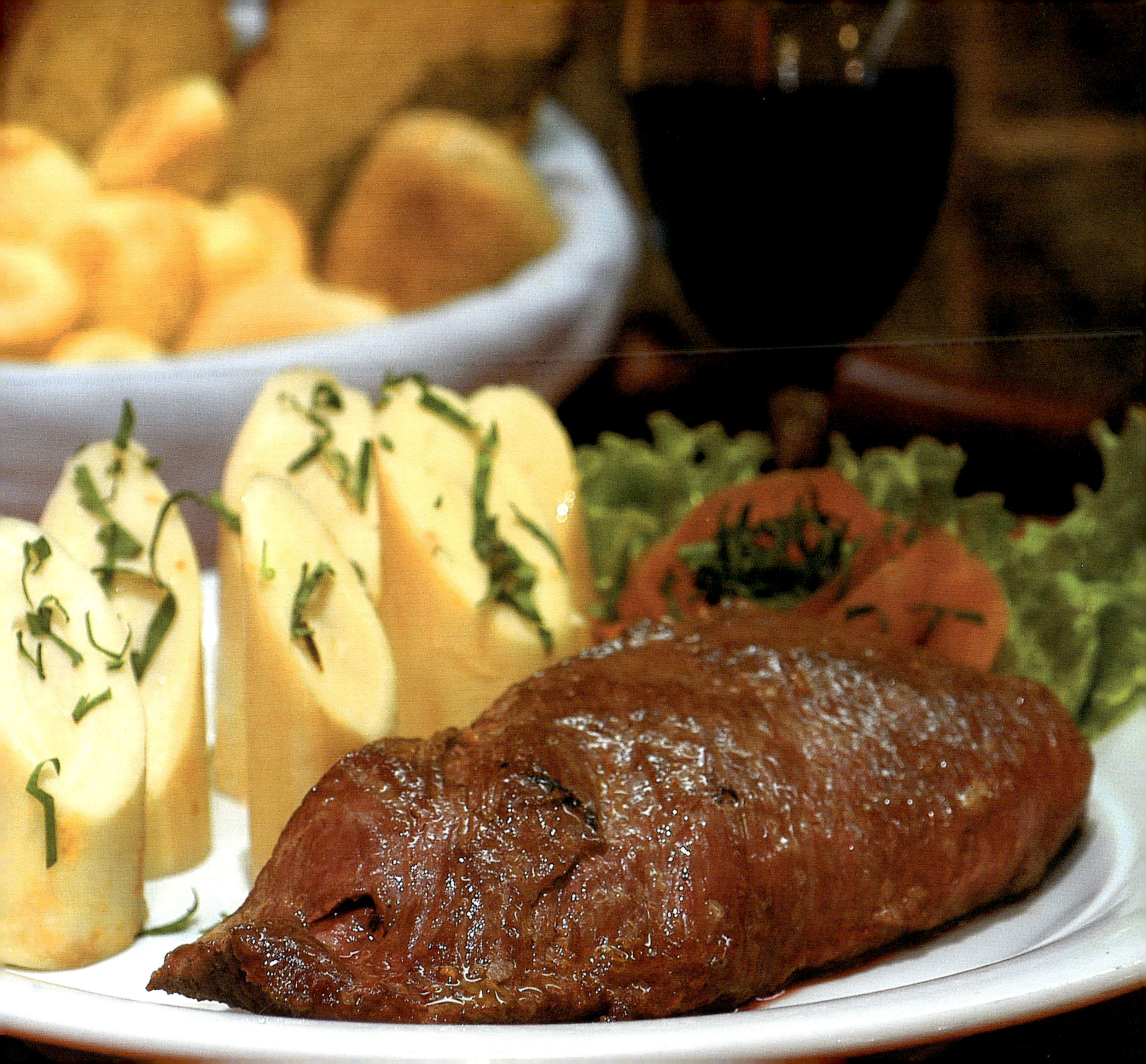

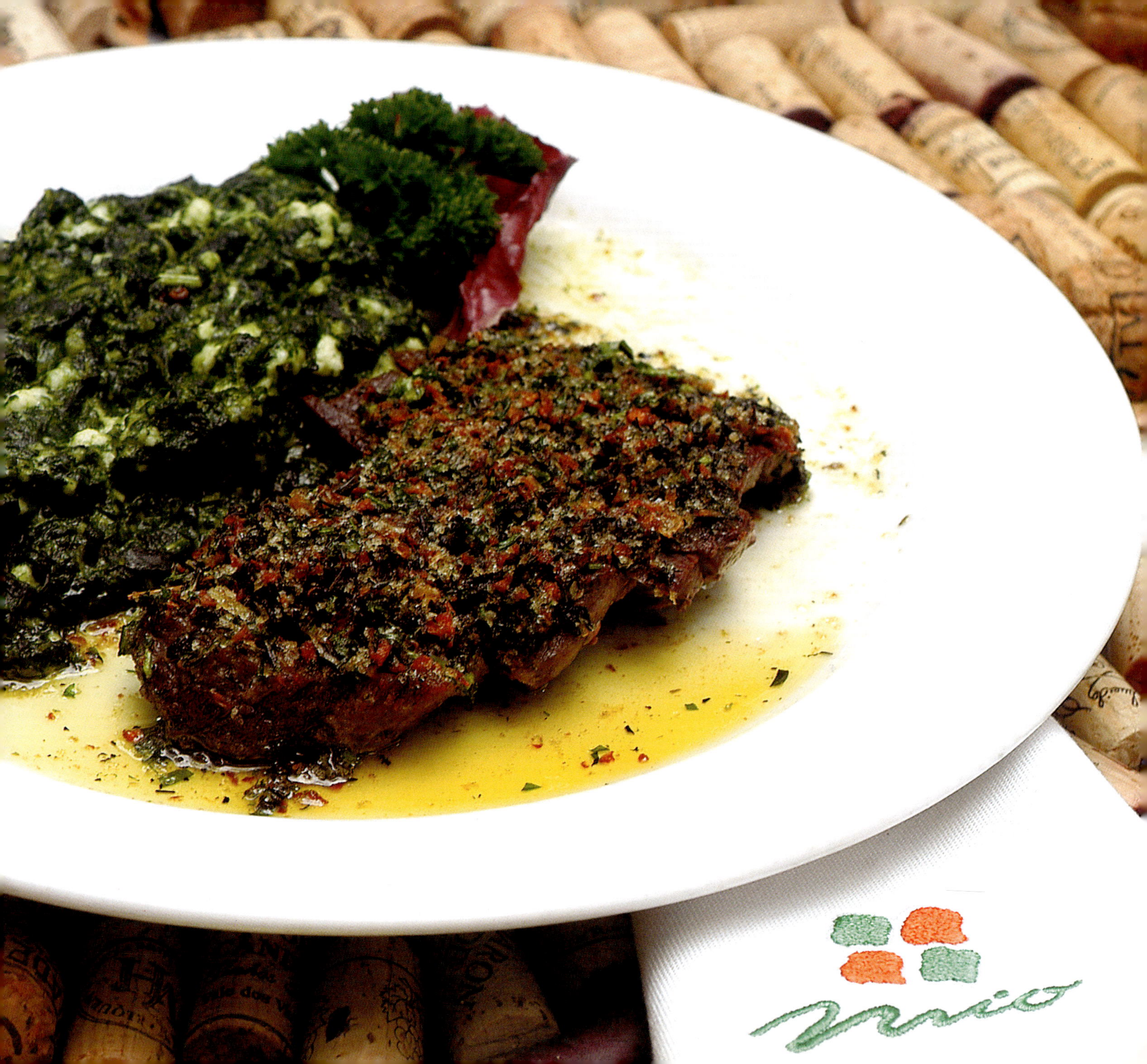

PICANHA DEL CHEF

Criação de Walterlan Oliveira • Mio Ristorante

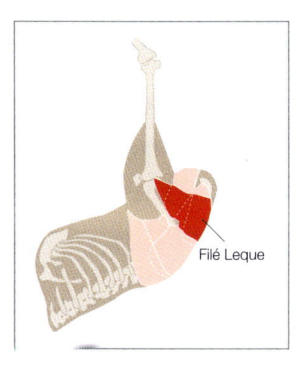

300 g de picanha de avestruz (filé leque) grelhada e fatiada

MOLHO

2 colheres (sopa) manteiga

1 colher (sopa) de cebola picada

1 dente de alho picado

1 colher (chá) de ervas de Provence

1 pitada de pão ralado

1 pitada de noz-moscada ralada na hora

ACOMPANHAMENTO

100 g de espinafre cozido

50 g de ricota em pedaços

1 colher (sopa) de cebola picada

E mais: manteiga e sal

Modo de preparo:

1. Grelhe a carne, tempere com sal e reserve.

2. Em uma panela, derreta a manteiga. Frite a cebola e o alho. Junte as ervas de Provence e frite mais um pouco.

3. Acrescente o pão ralado e uma pitada de noz-moscada. Reserve.

4. Aqueça um pouco de manteiga, junte a cebola, dê uma salteada no espinafre, e junte a ricota.

Montagem:

Arrume as fatias de carne no prato e despeje o molho. Arrume o acompanhamento ao lado da carne. Decore com folhas de radícchio e salsa crespa.

Rendimento: 1 porção • Tempo de preparo: 15 minutos

PIZZA DE AVESTRUZ

Criação de Dom Feliciano • Dom Feliciano Pizzas

Modo de preparo:

1. Em uma tigela, misture todos os ingredientes do molho de carpaccio e reserve.

2. Espalhe o molho de tomate por cima dos discos de pizza e leve ao forno quente por 20 a 25 minutos.

Montagem:

Retire a massa do forno, distribua o carpaccio sobre a pizza, espalhe um pouco do molho de carpaccio, polvilhe com o queijo parmesão e decore com alcaparras. Sirva a seguir.

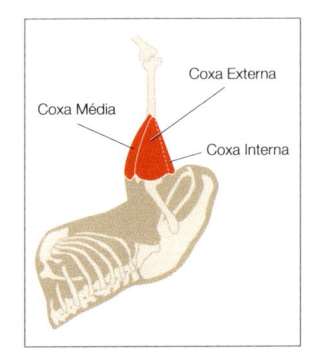

Rendimento: 2 pizzas • Tempo de preparo: 25 a 30 minutos

---

150 g de carpaccio de avestruz comprado pronto

300 g de queijo parmesão ralado

Alcaparras a gosto

MOLHO DE CARPACCIO

Suco de 2 limões

2 colheres (sopa) de mostarda escura

3 colheres (sopa) de azeite de oliva

½ colher (sopa) de pimenta-do-reino-branca moída na hora

Sal a gosto

Massa de pizza suficiente para 2 discos pizza de 30cm de diâmetro cada, com espessura média

Molho de tomate para pizza suficiente

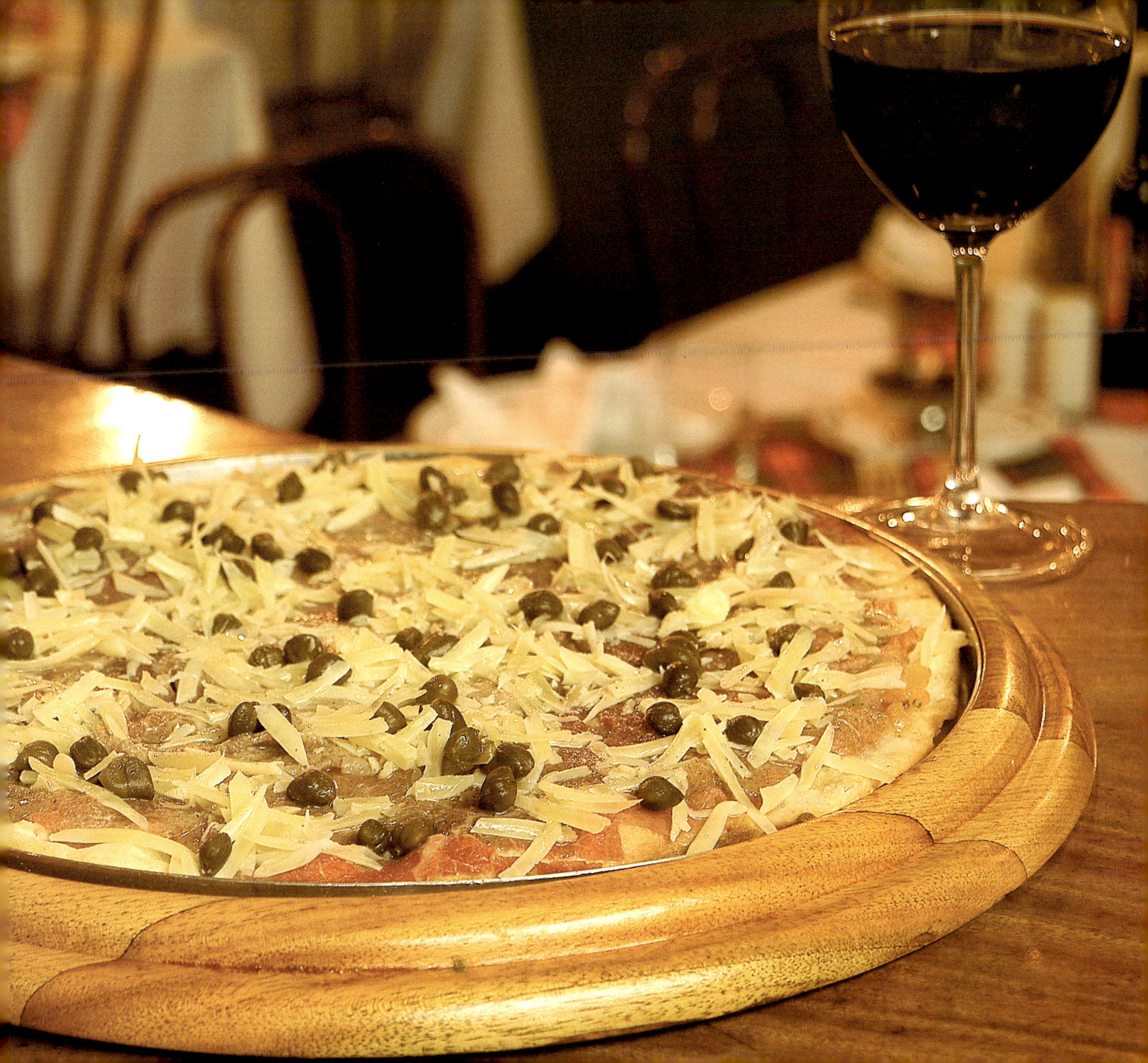

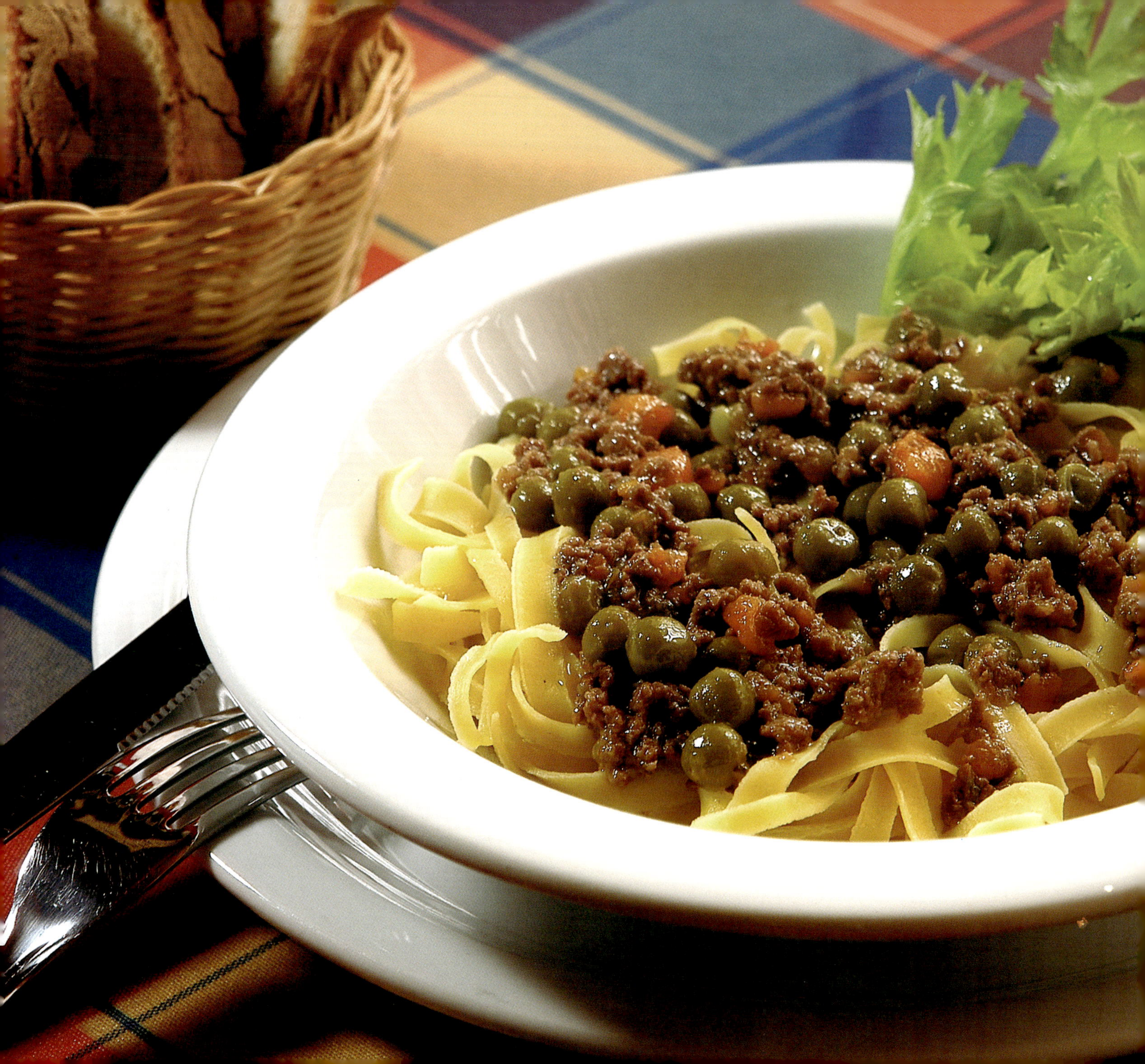

RAGU DE AVEZTRUZ COM ERVILHAS

Criação de Vito Simone • Il fornaio d'Italia Ristorantino

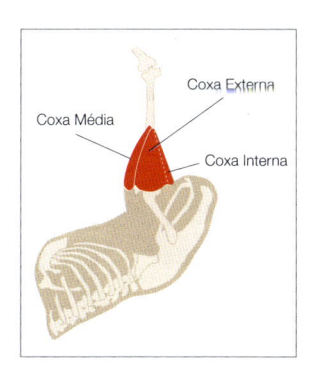

Modo de preparo:

1. Em uma panela, aqueça o azeite, junte a cebola, o salsão, a cenoura e refogue.
2. Junte a carne de avestruz moída e refogue mais um pouco.
3. Tempere com sal e pimenta-do-reino.
4. Acrescente o caldo de carne aos poucos e cozinhe até amaciar a carne.
5. Junte a ervilha e complete o cozimento. Reserve.
6. Cozinhe o macarrão al dente.

Montagem:

Coloque o macarrão em pratos de servir. Despeje o molho no centro. Sirva com queijo parmesão. Decore com folhas de salsão.

Ingredientes:

- 300 g de carne de avestruz moída grossa (cortes da coxa)
- 200 g de cebola
- 1 talo de salsão
- 1 cenoura picada
- 250 ml de caldo de carne
- 200 g de ervilha congelada
- 450 g de fetuccine
- Queijo parmesão ralado na hora
- E mais: azeite extravirgem, sal, pimenta-do-reino e folhas de salsão

Rendimento: 6 pessoas • Tempo de preparo 30 a 40 minutos

RISOTO DE LINGÜIÇA DE AVESTRUZ

Criação de Cláudio Scheleder • Maré Alta

Modo de preparo:

1. Aqueça o azeite e doure a cebola e o alho.

2. Corte a lingüiça em pedaços regulares e frite por 2 minutos, em fogo baixo. Junte a salsinha.

3. Acrescente o arroz, misture bem e despeje o vinho branco.

4. Quando o vinho evaporar, coloque uma concha de caldo de galinha quente e deixe cozinhar.

5. Continue despejando o caldo, aos poucos, sem deixar o arroz secar.

6. Quando estiver cozido al dente desligue o fogo e adicione o queijo parmesão. Misture bem.

7. Acerte o sal e adicione a pimenta-do-reino.

Montagem:

Divida o risoto em duas partes e coloque em pratos de servir. Decore com fatias de lingüiça de avestruz, salsinha bem picada, tomates cereja inteiros e alecrim.

Rendimento: 2 porções • Tempo de preparo: 10 a 15 minutos

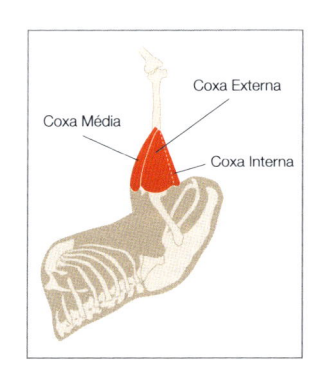

- 1 lingüiça defumada de avestruz Ceratti, picada
- 1/2 cebola
- 3 colheres de sopa de azeite de oliva
- 1 dente de alho
- 3 colheres de sopa de salsinha
- 1 xícara (chá) de arroz arbório
- 1/2 cálice de vinho branco
- 1 tablete de caldo de galinha dissolvido em ½ l de água
- 5 colheres de sopa de queijo parmesão

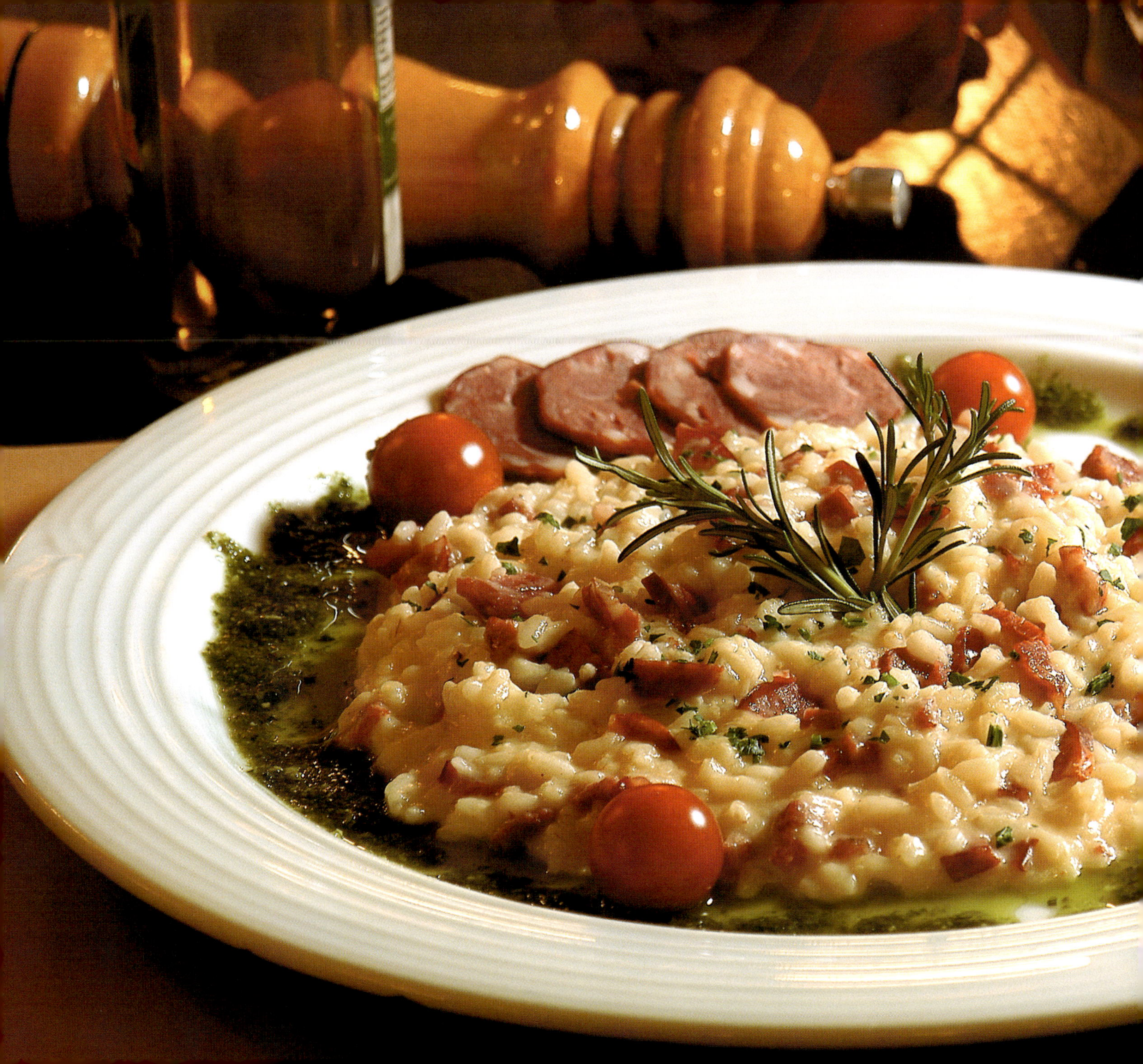

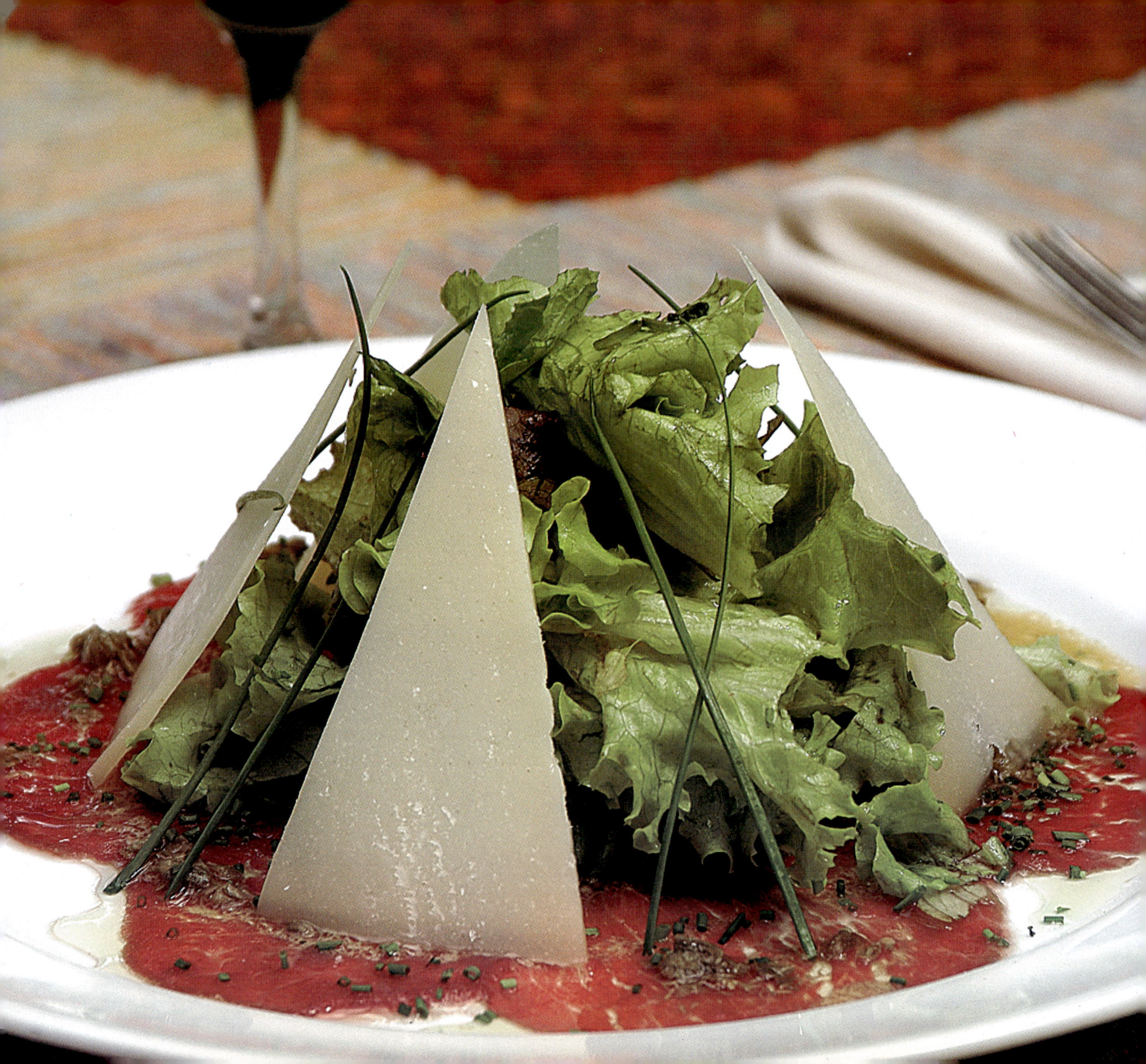

ROSBIFE DE AVESTRUZ ÀS ERVAS COM BOUQUET DE SALADA VERDE

Criação de Ana Cristina Zambelli • Cantaloup

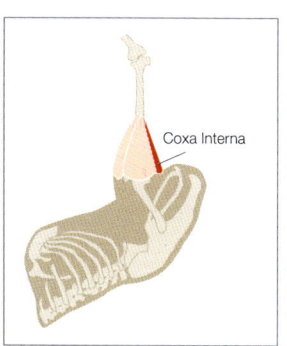

Modo de preparo:

1. Junte as ervas bem picadas, o sal e o azeite.
2. Deixe a peça de carne marinando nessa mistura por 24 horas.
3. Grelhe a carne na chapa ou na frigideira e deixe esfriar.
4. Congele a carne (isso facilita o corte).
   Dica: para obter lâminas bem finas, utilize uma máquina de cortar frios ou uma faca bem afiada.

Montagem:

Arrume as fatias de rosbife em volta do prato. Coloque a salada temperada com molho mostarda no centro. Decore com a cebolinha francesa.

Ingredientes:

- 1 peça inteira de carpaccio de avestruz (coxa interna)
- 5 g de tomilho
- 10 g de alecrim
- 10 g de sálvia
- 5 g de louro
- 5 g de pimenta-do-reino
- 5 g de sal grosso
- 100 ml de azeite
- Folhas verdes variadas (alface, rúcula, agrião, radicchio e cebolinha francesa, etc.)
- Molho mostarda

Rendimento: 4 porções • Tempo de preparo: 30 minutos

TATAKI DE AVESTRUZ

Criação de Milton Eiji Toyoshima • Shimo Restaurante

Modo de preparo:

1. Em uma vasilha misture bem o vinagre, o shoyo, o gengibre e o glutamato monossódico e reserve.

2. Corte o filé de avestruz em tiras de, mais ou menos, 3 cm de largura.

3. Unte uma chapa bem quente com óleo e sele as tiras de filé.

Montagem:

Corte o filé como se fosse preparar *shashimi*. Arrume a carne cortada em um prato. Espalhe a cebolinha picada e regue com o molho à base de shoyo. Se quiser, sirva com alho ralado. Decore com broto de kaiware.

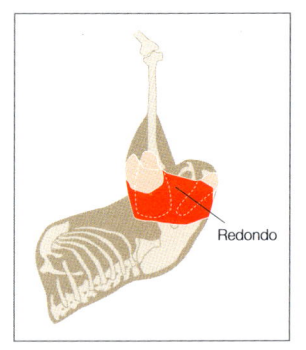

200 g de redondo de avestruz
50 ml de vinagre
50 ml de shoyo
15 g de gengibre ralado
10 g de glutamato monossódico
50 g de cebolinha verde picada
Broto de kaiware (nabo) para decorar

Rendimento: 1 porção • Tempo de preparo: 10 minutos

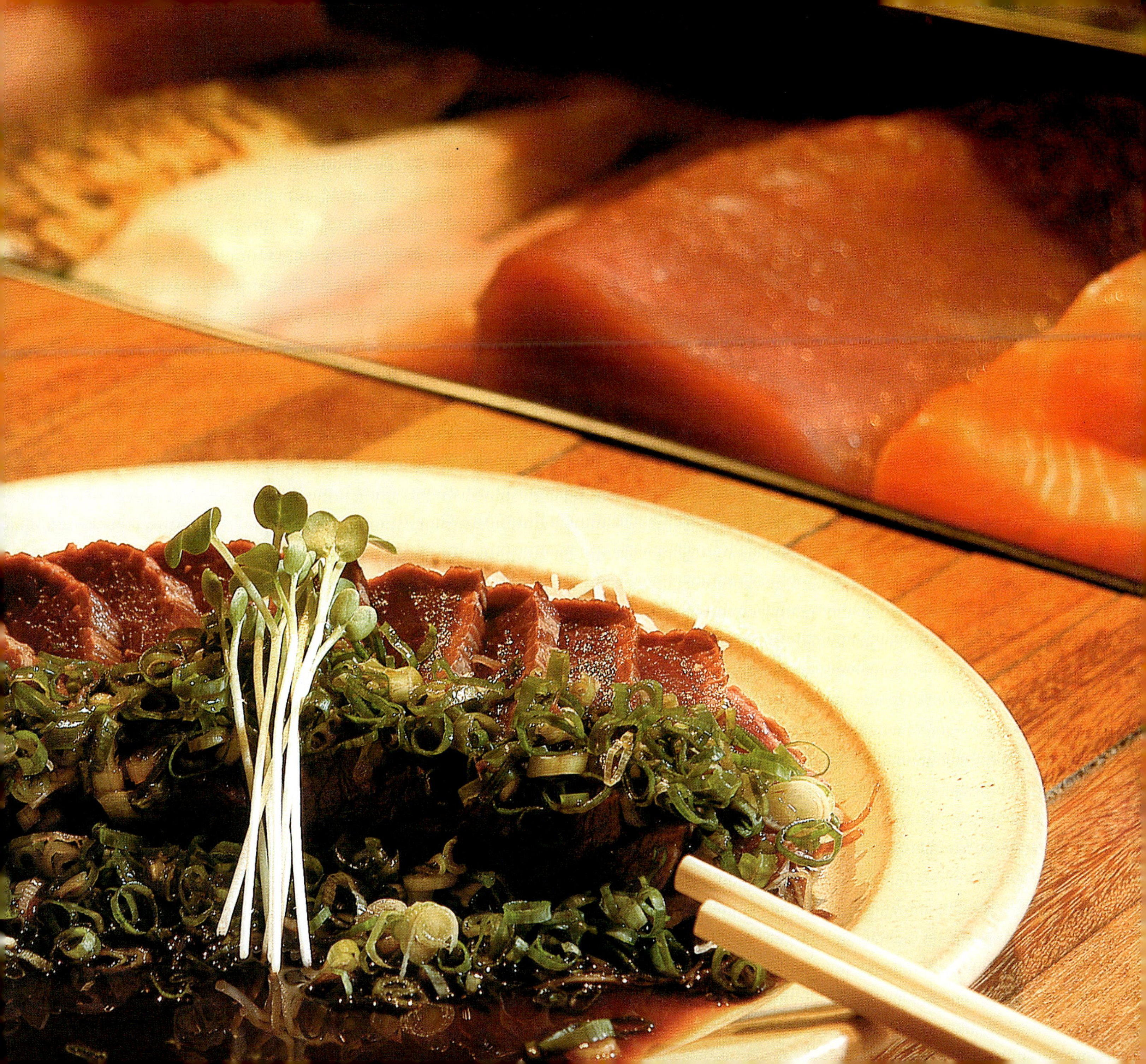

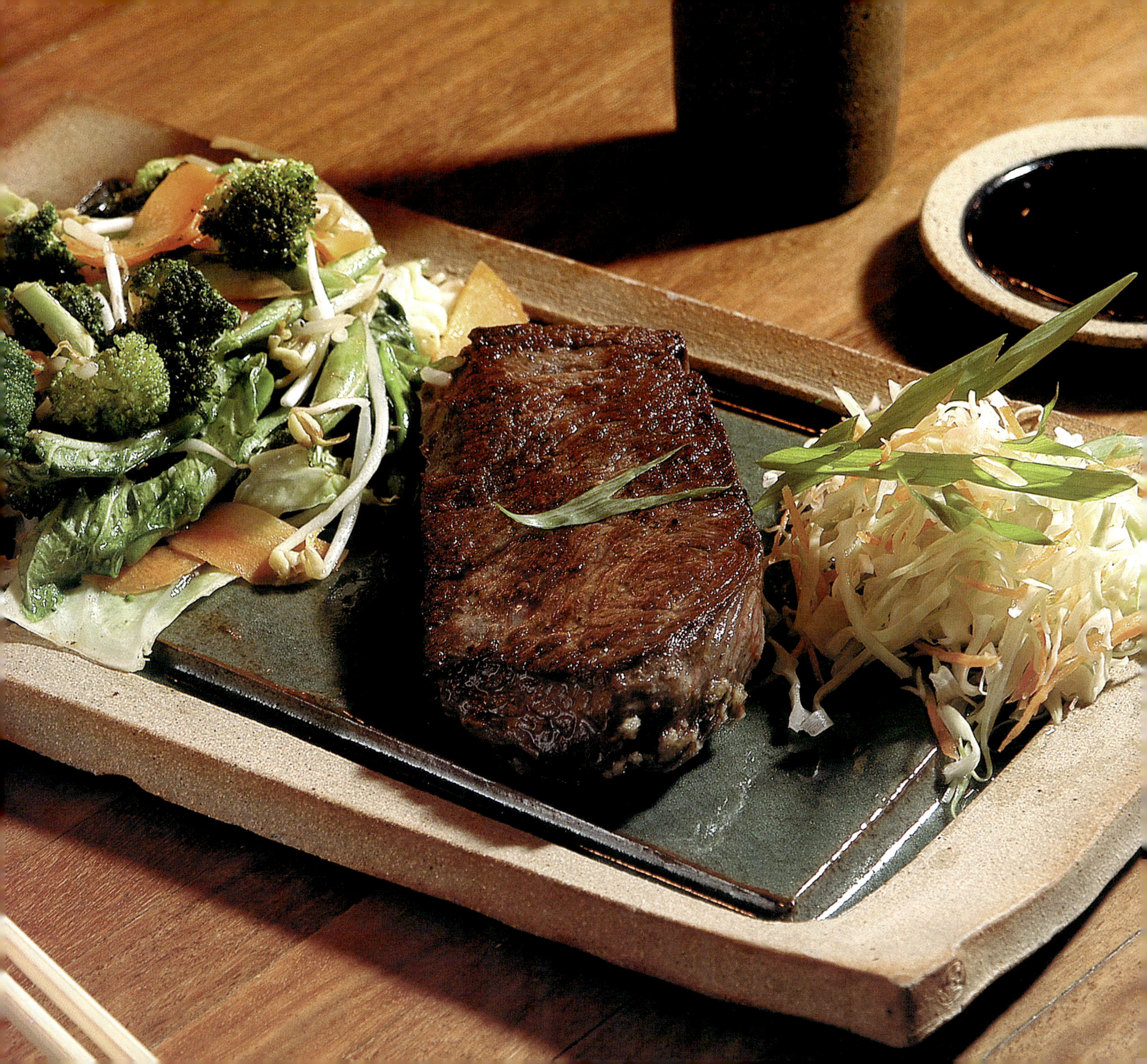

TEPPAN YAKI DE CARNE DE AVESTRUZ

Criação de Milton Eiji Toyoshima • Shimo Restaurante

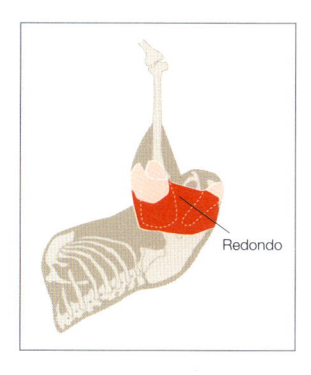

Modo de preparo:

1. Tempere os filés de avestruz com sal, glutamato monossódico e pimenta. Passe a pasta de alho num dos lados dos filés.

2. Disponha os filés do lado onde não foi passada a pasta de alho sobre uma chapa bem quente untada de óleo.

3. Vire os filés para fritar do outro lado, tomando cuidado para não queimar o alho. Reserve.

4. Em outra frigideira coloque o óleo para aquecer.

5. Acrescente a pasta de alho e a cebola.

6. Refogue ligeiramente os legumes, mexendo sempre para sateá-los por igual. Tempere com sal e pimenta-do-reino.

Montagem:

Coloque os filés em um prato do tipo oriental. Arrume as verduras refogadas dos lados. Se quiser adicione um fio de shoyo nas verduras para colorir. Decore com broto de feijão.

---

250 g de redondo de avestruz com 2 a 2,5 cm de espessura

10 g de pasta de alho

20 g de cada um dos seguintes ingredientes: acelga, repolho e cebola cortados em tiras, cenoura cortada em meias rodelas, couve-flor e brócolis em pedaços e broto de feijão

10 g de pasta de alho

1 colher (sopa) de óleo

E mais: óleo, sal, glutamato monossódico e pimenta-do-reino

Rendimento: 1 porção * Tempo de preparo: 5 minutos

SEGREDOS DE GRANDES CHEFS

As receitas deste livro foram rigorosamente testadas. Os ingredientes usados, sempre que possível, foram dosados e utilizados de forma padronizada, a fim de assegurar o sabor original, tal qual foi elaborado pelos chefs.

Alguns pratos exigem molhos, caldos e acompanhamentos, que podem ser comprados prontos ou preparados por você, com antecedência. Aqui estão algumas dicas e receitas que vão garantir o sucesso de seu prato.

Batata grisette / Batatinha noizette
Pode ser comprada pronta ou cortada com a ajuda de um boleador.

Batata pont-neuf (rende 1 porção)
100 g de batata • 1 l de óleo
Descasque, lave e seque a batata. Corte em palitos de 1 cm de espessura. Frite em óleo a 180°. Retire, espere esfriar e frite novamente a 180°.

Ervas de Provence (Herbes de Provence)
Mistura das seguintes ervas: alecrim, louro em pó, manjericão, manjerona, sálvia, segurelha e tomilho.

Ervas Finas (Fines Herbes)
Mistura das seguintes ervas: cerefólio, cebolinha francesa, salsa e estragão.

Legumes verdes
80 g de ervilhas congeladas • 80 g de favas verdes congeladas • azeite • sal • pimenta-do-reino.
Em uma panela com azeite, aqueça os legumes. Tempere com sal e pimenta-do-reino.

Manteiga clarificada
Aqueça 200 g de manteiga sem sal e retire toda a espuma que se formar.

Manteiga de ervas
200 g de manteiga sem sal • 10 g de cada uma das seguintes ervas: alecrim, salsa, cebolinha e tomilho • sal e pimenta-do-reino a gosto • 25 ml de azeite • 5 g de alho bem picado.
Misture tudo, enrole como um rocambole, embrulhe em papel de alumínio e leve para gelar. Guarde no freezer e use à medida da necessidade.

Massa para pizza
15g de fermento biológico • ½ xícara (chá) de água ligeiramente morna • 1 colher (chá) de açúcar • 4 e ½ xícaras (chá) de farinha de trigo peneirada misturada com 1 colher (chá) de sal • 1 colher (sopa) de azeite de oliva.
Misture o fermento com um pouco da água medida, já misturada com o açúcar. Coloque a farinha misturada com o sal em uma tigela. Faça um buraco no centro, adicione o azeite e polvilhe um pouco da farinha. Junte o fermento diluído e o restante da água. Mexa até desgrudar da tigela. Se for preciso adicione mais água. Coloque a massa sobre uma superfície enfarinhada e sove por 10 minutos. Quando estiver bem lisa e elástica cubra com um pano de prato e deixe crescer até dobrar de tamanho. Isto levará cerca de 1 hora. Modele os discos de pizza. Essa massa rende 2 pizzas de 30 cm de diâmetro ou 3 de 20 cm.

Molho bordelaise
750 g de costela de vitela • 125 g de acem • 4 dentes de alho amassados • 1 cenoura cortada em cubos pequenos • 1 cebola cortada em cubos grandes • 125 ml de vinho tinto • 1,5 l de água • 1 bouquet garni (um amarrado de alecrim, tomilho e folhas de louro)
Toste a costela no forno até adquirir uma tonalidade dourada escura e reserve. Frite o acem em uma panela grande, com óleo, até dourar. Junte o alho, a cenoura e a cebola e deixe dourar. Acrescente o vinho tinto. A seguir, a costela reservada e a água fria. Deixe levantar fervura

e cozinhe por cerca de 8 a 10 horas em fogo brando. Na última hora de cozimento, junte o bouquet garni. Coe o molho e deixe reduzir até engrossar naturalmente. Finalize, se quiser, com um pouco de manteiga.

Molho de confit de laranja
100 g de cascas de laranja cortadas bem finas, em tiras (só a parte amarela) • 100 g de açúcar • 150 ml de água
Dê 3 choques térmicos na casca de laranja: passe em água quente e a seguir fria. A seguir, junte todos os ingredientes e leve ao fogo. Ao formar uma calda, deixe reduzir um pouco.

Molho de jabuticaba
500 ml de tucupi • 125 g de açúcar • 100 ml de suco de laranja • 100 ml de suco de limão • 10 g de canela em pó • 100 g de calda de jabuticaba • 250 ml de molho bordelaise • 25 g de manteiga sem sal.
Reduza o tucupi até obter metade. Queime o açúcar e junte os sucos de laranja e de limão e a canela. Deixe reduzir pela metade. Misture as duas reduções e acrescente a calda de jabuticaba e o molho bordelaise. Por último, incorpore a manteiga. Rende 15 porções.

Molho de tomate para pizza
2 colheres (sopa) de azeite de oliva • 6 tomates sem pele e sem sementes picados • 1 colher (chá) de orégano.
Bata tudo no processador e reserve.
Esse molho é suficiente para 5 pizzas grandes.

Molho mostarda
125 ml de mostarda de Dijon • 25 ml de suco de limão • 25 ml de vinagre • 250 ml de azeite extravirgem • 5 g de sal • 5 g de pimenta-do-reino moída na hora.
Junte os ingredientes e bata até emulsionar o molho. Guarde sob refrigeração e use à medida da necessidade.

Ovo poché
Ovo escaldado em água fervente.

Purê de abóbora
100 g de abóbora picada cozida em água • 1 colher (sopa) de caldo de carne concentrado.
Aqueça a abóbora já cozida no caldo de carne. Bata no liquidificador.

Purê de batata-doce roxa
Batata-doce roxa cozida em água e sal.
Bata com um mixer, utilizando um pouco da água do cozimento.

Purê de maçã
8 maçãs vermelhas grandes e descascadas e sem as sementes • 2 colheres (sopa) de manteiga sem sal • 1 colher (sopa) rasa de açúcar • 1 colher (sopa) rasa de suco de limão • 1 xícara (chá) de água fervente.
Refogue as maçãs na manteiga. Coloque a água fervente e os demais temperos e cozinhe até secar a água. Bata no liquidificador e sirva.

Queneles de abóbora
Abóbora cozida em água e sal • azeite • alho • cebola e cebolinha.
Esprema uma quantidade suficiente de abóbora. Tempere com azeite, alho amassado, cebola ralada e cebolinha. Molde os bolinhos com a ajuda de duas colheres de sopa.

Royale de Brócolis
400 g de brócolis • 80 ml de creme de leite fresco • 50 ml de leite • 1 ovo • 1 gema • sal, pimenta-do-reino e páprica a gosto.
Cozinhe o brócolis no vapor por aproximadamente 08 minutos. Junte os demais ingredientes e bata no processador até obter uma pasta homogênea. Tempere com sal, pimenta e páprica à gosto. Distribua o creme em forminhas individuais untadas com manteiga. Leve ao forno a 150ºC, em banho-maria, por aproximadamente 1 hora.

Salsichão de espinafre
60 g de folhas de espinafre • temperos a gosto.
Cozinhe o espinafre em água fervente. Dê um choque térmico com água fria e pedras de gelo. Tire, escorra bem, tempere a gosto e enrole em papel filme. Cozinhe novamente em água fervente por 10 minutos. Quando esfriar, corte em rodelas.

MUITO IMPORTANTE:
A carne de avestruz é mais saborosa quando preparada em fogo bem alto, grelhada em intervalos curtos de tempo, de todos os lados, a fim de manter sua maciez e propriedades naturais.

ENDEREÇOS

RIO DE JANEIRO

Churrascaria Barra Brasa
Churrasco e cozinha variada
Av. Ayrton Senna, 2541 – Barra da Tijuca
Tel.: (21) 3329-7700
www.barrabrasa.com.br

Carême Bistrô
Cozinha francesa
R. Visconde de Caravelas, 113-D –Botafogo
Tel.: (21) 2537-2274
www.flaviaquaresma.com.br

D'Amici Ristorante
Cozinha italiana
R. Antonio Vieira, 18 – Leme
Tel.: (21) 2541-4477

Esplanada Grill
Cozinha variada
R. Barão da Torre, 600, loja A – Ipanema
Tel.: (21) 2512-2970
www.esplanadagrill.com.br

Mio Ristorante
Cozinha italiana
R. Farme de Amoedo, 52 – Ipanema
Tel.: (21) 523-2886
www.vipgourmet.com.br/mio.htm

Ponderox Grill
Churrasco e cozinha variada
Av. das Américas, 7777, loja 318
Rio Design – Barra da Tijuca
Tel: (21) 3328-9007
www.ponderox.com.br

Porcão Rio's
Churrasco e cozinha variada
Av. Infante Dom Henrique s/nº
Parque do Flamengo
Tel.: (21) 3461-9020
www.porcao.com.br

Tower Grill
Cozinha variada
R. Lauro Müller, 116, 2º piso, loja B-47
Shopping Rio Sul – Botafogo
Tel.: (21) 2541-2148
www.towergrill.com.br

SANTA CATARINA

Chez Altamiro
Cozinha francesa
Rod. João Gualberto Soares, 7742
Rio Vermelho
Tel.: (48) 269-7727

SÃO PAULO

Antiquarius Restaurante
Cozinha contemporânea
Al. Lorena, 1884 – Jardim Paulista
Tel.: (11) 3088–6446

Bar Mercearia São Roque
Cozinha contemporânea
R. Lineu de Paula Machado, 599
Cidade Jardim
Tel.: (11) 3815-8664

Chácara Santa Cecília
Cozinha contemporânea
R. Ferreira de Araújo, 601
Pinheiros
Tel.: (11) 3034-3910

Cantaloup
Cozinha contemporânea
R. Manoel Guedes, 474 – Itaim Bibi
Tel.: (11) 3078-9884

Churrascaria Rodeio
Churrasco e cozinha variada
R.: Haddock Lobo, 1498
Cerqueira César
Tel.: (11) 3083-2322

Dom Feliciano Pizzas
Cozinha italiana
R. Conselheiro Saraiva, 664
Santana
Tel.: (11) 6950-2898

Il fornaio d'Italia Ristorantino
Cozinha italiana
R. Manoel Guedes, 160 – Itaim Bibi
Tel.: (11) 3079-2473

La Cocagne
Cozinha francesa
R. Jerônimo da Veiga, 358
Jardim Paulista
Tel.: (11) 3079-2473

La Gália Restaurante
Cozinha contemporânea
Av. Macedo Soares, 340
Campos do Jordão
Tel.: (12) 3663-2993

Maré Alta
Cozinha contemporânea
Rua Quatá, 426 – Vila Olímpia
Tel: (11) 3044-1271
www.barmarealta.com.br

Santa Gula
Cozinha contemporânea
R. Fidalga, 340 – Vila Madalena
Tel.: (11) 3814-1430

Shimo Restaurante
Cozinha japonesa
Rua Jerônimo da Veiga, 74 – Jardim Europa
Tel.: (11) 3167-2222
shimo@shimo.com.br

AVESTRO - Carne Nobre de Avestruz
STRUZZO - Legítimo Couro de Avestruz
Calçada das Samambaias, 10
Centro Comercial Alphaville
Barueri
Tel.: (11) 4191-0495
www.avestro.com.br
www.struzzo.com.br